Contents

Lesson 1

布選び

リュックを作る布は、芯をはらずに1枚で使えるものが実用的で安心です。
素材により厚みや重さが変わるので、使い勝手なども想像しながら、
いろいろと見比べてみましょう。

※表示の「厚さ」は本書で使用した布を1枚で計測、「重さ」は同じ大きさ・形に仕立てたもの（P.9 ミニリュックのサイズ）で計量。基本は1枚仕立て、場合により裏布つきで作っています。裏布の説明はP.6。

11号帆布

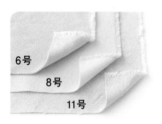

しっかりした綿の布で、家庭用ミシンでは11号が縫いやすくリュックにも丁度いい。号数が小さいほど厚地。8号を使いたいときは、11号を縫ってみてからの方が無難。

厚さ：0.93mm　重さ：117g

6号はかなり厚く、家庭用ミシンで作るリュックには厳しい！

12オンスデニム

加工などにより風合いが違うこともあるが、リュックには12オンスくらいが安心して使える厚みでおススメ。素材は綿、オンスは重さの単位で数字が大きいほど厚地。デニム特有の藍色は摩擦で色移りすることがあるので、擦れる部分の使用には注意。

厚さ：0.78mm　重さ：106g

☆ミニリュック作り方ページで使用しているのは「ブラッシングデニム」で、デニム調に加工されたカツラギ（厚さ：0.58mm）。

扱いやすい厚み。
（10オンスは厚さ：0.66mm）

ウール

写真はヘリンボーン。厚みはあるが織りが甘いため、リュックにする場合は接着芯をはって補強し、裏布をつけるのが安心。

厚さ：1.61mm　重さ：130g（裏布つき）

芯をはるのはウールのみ

薄手の織物タイプを縫い代まで、布の裏面（全面）にはる。ストレッチ性のある柔らかい芯はウールの風合いを損ねず、はがれにくくておススメ。

肩ひも、バックル、ファスナー、ポケットなど、知りたかったことが分かる！

リュック作り教室

水野佳子

主婦と生活社

バッグみたいにリュックも作れたら楽しそう！

そう思いながら、バッグ作りとの違いを考えてみました。
背負うという大きく異なるスタイルと、口を閉めなければならないのが大前提、
あとは用途と好みに合わせて……意外とシンプルです。

家庭用ミシンで作ることを条件に、項目ごとに説明と作品例を並べています。
気になるところから眺めてみてください。

作品例はナイロン地を多用していますが、
作り方ページはコットン系で作った場合をイメージ出来るようにしました。

作ってみたい！　と思ったら、Lesson 1を見てみましょう。
材料を知ることからスタートです。
いろいろ想像しながら読んでみてください。

手作りリュックで出掛ける日が訪れますように。

水野佳子

オックス

厚さ：0.41mm　重さ：71g

バッグによく使われる布で、リュックにすると少し頼りないような雰囲気も。補強を兼ねて、薄手ポリエステルやナイロンタフタを裏布につけてもいい。プリントや加工がされていると、少ししっかりしたものもある。素材は綿。

綿

ナイロン

同じオックスでも素材が違うと質感が変わる。

ナイロンオックス／撥水・ワッシャー加工

厚さ：0.38mm　重さ：79g
☆ P.69 柄ラウンドリュックのナイロンオックス、厚さ：0.2mm

同じ「オックス」でも、綿と比べてナイロンは張りがある。軽くて強度もあり、安心して使えそうな布。ワッシャー加工により厚みがあるタイプ。加工により厚みや風合いは変わる。アイロンは低温でじっくりと。

ナイロンオックス／
撥水・ワッシャー加工

ポリエステル／
撥水加工

綿麻キャンバス

厚さ：0.45mm　重さ：79g

綿に麻が入っている分ほどよく張りがある、しっかりとした布。表裏にプリントされたリバーシブルタイプは、使い方も楽しめる。本書ではリュックの口とポケットの説明でも使用。

ポリエステル／撥水加工

厚さ：0.16mm　重さ：55g
☆ P.20 巾着リュックの星柄ポリエステル、厚さ：0.14mm

織物の名称が表示されていないものが多いが、ナイロンよりやや光沢のある軽い布。撥水加工のものを選ぶといい。1枚で薄く感じるときは、薄手ポリエステル等を裏布につけると安心。

フェイクレザー

厚さ：0.88mm　重さ：184g（裏布つき）
☆ P.20 巾着リュックのフェイクレザー、厚さ：1.07mm

合成皮革。布（基布）の表面に樹脂がコーティングされているため、撥水性があり汚れにくい。針跡が残る布なので縫い直しはNG。裏面は基布が見えてしまうため、裏布をつける。種類により厚みは異なる。

基布

ナイロンタフタキルティング／撥水加工

厚さ：1.25mm　重さ：90g（裏布つき）

軽い中綿をはさんでステッチで押さえているため、丈夫でクッション性があり、形も保てて使い勝手がいい。荷物を出し入れするときの摩擦でステッチ糸が切れてくることもあるので、裏布をつけると安心。

綿

裏布をつける

薄くて丈夫な、エコバッグを作るような布を裏布としてつける。

薄手ポリエステル

ナイロンタフタ

ミニリップ (ポリエステル)

撥水加工されたポリエステルやナイロン地が
汚れにくく軽くておススメです。

キルティングのステッチが
切れるのを防ぐために。

裏面の基布が
見えないように。

芯を隠しながら
補強のために。

P.69　ラウンドリュックのポケット
の袋布を兼ねた裏布。厚みが増
すのを抑えて丈夫に。

針と糸

本書で掲載しているリュックは全て、ミシン針14号、
ミシン糸50〜60番で縫っています。ステッチを目立
たせたい場合のミシン糸は30番を。布の厚みに合
う針を選べば、縫い合わせる糸は60番 (50番) で
大丈夫です。

水通しについて

服のように、洗濯して縮むと困ることはあまり考えら
れないので、リュック作りで必須の作業ではありま
せん。デニムの洗い加工や帆布のバイオウォッシュ
加工など、表面の糊が落とされ柔らかく加工され
た布も多く見かけます。加工された布は縮む可能性
が低く、ナイロンやポリエステルは水で縮みません。
それでも心配な方は水通しを。

クッション性のある布を使う

ポリエステル素材などで軽く柔らかい弾力があるもので、しっかりさせたい・当たりを和らげたい部分（肩ひも、背面、底）に使います。

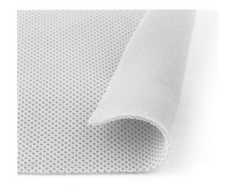

ダブルラッセル（ポリエステル）

穴があいているように見える立体的な編み地で、厚みはあるけれど軽い布。通気性が高くクッション性もあるので、肩ひもや背面に。

肩ひも
背面

使用例 P.69 ラウンドリュック

ナイロンオックス ウレタンキルト

綿ではなくウレタンスポンジをはさんでキルティングしたもので、しっかりとして厚みもある。通常のキルトより弾力がある。肩ひもや背面、底にも。

（右の他、P.38 フラップあきリュックの背面にも使用）

肩ひも
前面・背面
底

ロールトップリュック 使用例 P.45

使用例 P.51 スクエアリュック

キルト芯

2枚の布の間にはさんで使う、シート状になっている軽量の綿。糊がついたアイロン接着タイプは、片面接着と両面接着がある。厚みをもたせて、しっかりさせたい部分に。

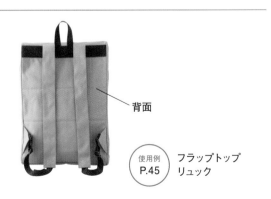

背面

使用例 P.45 フラップトップリュック

布と一緒に選びたい ファスナーとテープ

リュックの口やポケットの口に使うファスナー、
背負うために必要なテープ。
どちらも布と合わせて選びたい付属です。

ファスナー │ 種類とサイズで選ぶ

ファスナーのつけ方 ▶ Lesson3、5

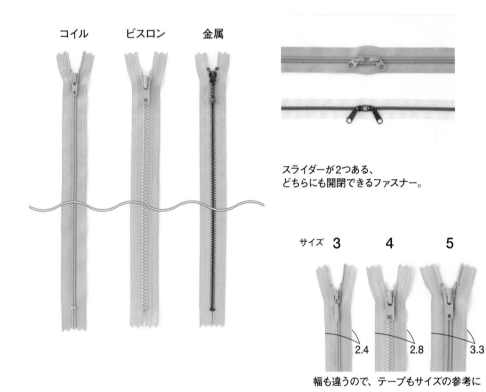

コイル　ビスロン　金属

スライダーが2つある、
どちらにも開閉できるファスナー。

表布に合わせて、デザインとして選ぶことも大事ですが、リュックはバッグよりも強度が要りそうです。市販品を見るとコイルファスナーが多く、どんな形にもなじみやすく手作りするにも扱いやすい種類です。

ファスナーにもサイズがあります

布に合わせて針や糸を選ぶように、ファスナーのサイズも気にしてみてください。本書で使用しているのは、この3タイプ。小さいサイズほど薄地向き、負担が大きい箇所には4以上がよさそうです。

サイズ　**3**　　**4**　　**5**

2.4　　2.8　　3.3

幅も違うので、テープもサイズの参考に

スライダーの裏側に数字が……

テープ │ どこにどう使うかを考えて、幅と厚みで選ぶ

織りテープの種類 ▶ P.43

アジャスターなどを通して使う、リュックにはさみ込んで縫う、テープの端を折って縫う、用途によって条件が変わります。テープは厚みがあるので、重なるほど布よりも縫うのが困難になることもあります。部分的に布でテープを作って代用するのも手作りならではの楽しみです。

作り方ページに出てきます→P.12、22、41

ミニリュック

実物大型紙D面

ポケットとリュックの口の縫い方が同じで、肩ひもを
取り外しできるようにしました。肩ひもはつけ方で
斜め掛けにも。使い方を楽しめる小さめのリュックです。

1枚仕立て

軽くてしっかりしたワッシャー加工さ
れたナイロンオックスで。共布で作っ
たテープと持ち手は、織りテープに変
えても可。

裏布つき

11号帆布は1枚でも使えますが、コッ
トンなので内側の汚れ防止と補強の
為に、薄手のポリエステル地をつけて
みました。

9

1枚仕立ての作り方

*分かりやすいように、布と糸の色を変えています。

材 料
○表布　90×40cm
○ファスナー（20cm）1本、（40cm）1本
○バイアステープ（幅1.8cmの両折）2.8m
○Dカン（2.5cm幅）3個
○送りカン（2.5cm幅）1個
○ナスカン（2.5cm幅）2個
○肩ひも用織りテープ（2.5cm幅）1.6m

でき上がりサイズ

高さ　23cm
幅　　20cm
まち　9cm
肩ひもの長さ
　　80〜155.5cm

500mℓの
ペットボトル

裁ち合わせ図

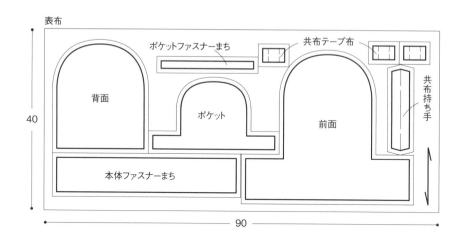

作り方のポイント
指定されたサイズのファスナーがなくても作れる方法です。ぴったりサイズが見つけられないときは、長めのコイルファスナーを使います（もちろん指定サイズファスナーでも作れます）。

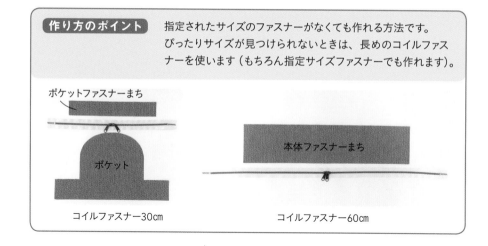

コイルファスナー30cm　　コイルファスナー60cm

① ポケットを縫う

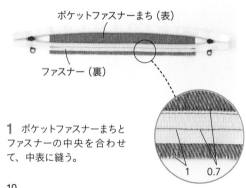

1　ポケットファスナーまちとファスナーの中央を合わせて、中表に縫う。

2　縫い代をバイアステープで始末する。（Lesson2 P.18、基本の縫い方参照）

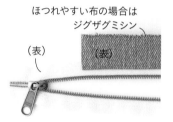

3　縫い代はまち側に倒す。反対側も同様に縫う。

4 ポケット側面と縫う。

5 縫い代に揃えてファスナーをカットし、バイアステープで始末する。縫い代は側面側へ倒す。

6 ポケット前面とファスナーまちを中表に合わせて縫い、縫い代をバイアステープで始末する。

7 本体前面のポケットつけ位置にポケットを中表に合わせて、底辺を縫う（Lesson5 P.58、6参照）。

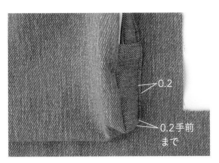

8 ポケットを起こして印に合わせて、角から0.2cmの位置から反対側の角0.2cm手前までを縫う。

② リュック口を縫う

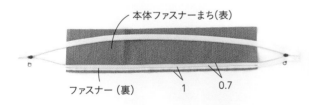

1 本体ファスナーまちとファスナーの中央を合わせて、中表に縫う（ポケットのファスナーつけと同様）。

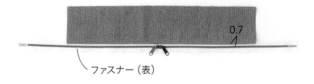

2 縫い代をバイアステープで始末して、まち側へ倒す。

3 本体側面と縫う。

4 縫い代に揃えてファスナーをカットし、バイアステープで始末する。縫い代は側面側へ倒す。

5 前面とファスナーまちを中表に合わせて縫い、バイアステープで始末する。

③ 共布テープを縫う

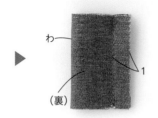

わ　（裏）　1

縫い目　（表）

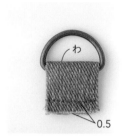

わ　0.5

1 中表に二つ折りにして縫う。

2 表に返す。縫い目を中央にする。

3 縫い目を内側にDカンを通して二つ折りにし、縫いとめる。3つ作る。

④ 持ち手を作る

（裏）　わ

（表）　0.2　0.2

1 中表に二つ折りにして縫う。

2 表に返してステッチをかける。

⑤ 前面と背面を縫う

0.8

背面（表）

0.8

1あける　1あける

1 背面上部に持ち手とDカンのついたテープを、底辺左右にDカンのついたテープを仮どめする。

2 背面と前面底を中表に合わせて、底辺のでき上がりの角から角までを縫う。

3 ファスナーまちを中表に合わせて、2の続き、角から角までを縫う。

4 縫い代をバイアステープで始末する（Lesson2 P.18、基本の縫い方・A参照）。

でき上がり

肩ひも
の作り方
P.16

裏布つきの作り方

＊分かりやすいように、布と糸の色を変えています。

材 料

- 表布　90×40cm
- 裏布　90×40cm
- ファスナー（20cm）1本、（40cm）1本
- バイアステープ（幅1.8cmの両折）2.5m
- Dカン（2.5cm幅）3個
- 送りカン（2.5cm幅）1個
- ナスカン（2.5cm幅）2個
- 織りテープ（2.5cm幅）2m

でき上がりサイズ

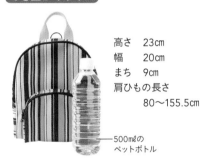

高さ　23cm
幅　　20cm
まち　9cm
肩ひもの長さ
　　　80〜155.5cm

500mlの
ペットボトル

裁ち合わせ図

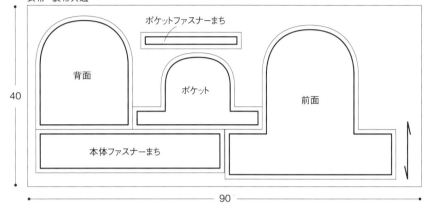

表布・裏布共通

ポケットファスナーまち

背面

40

ポケット

前面

本体ファスナーまち

90

作り方のポイント

部分的に縫い代を裏布で隠しながら、すっきり仕立てる方法です。裏布には薄手で丈夫なものを選びます（指定サイズのファスナーが無いときは、1枚仕立ての作り方を参照）。

1　ポケットを縫う

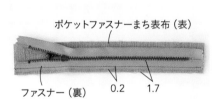

ポケットファスナーまち表布（表）

ファスナー（裏）　0.2　1.7

1　ポケットファスナーまち表布とファスナーを、中表に合わせて仮どめする。

ポケット
ファスナーまち
裏布（表）

2　ポケットファスナーまち裏布を中表に重ねてとめる。

でき上がり線に
近い位置を縫い
とめる

0.3　0.8

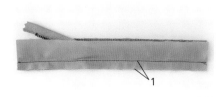

1

3　縫う。

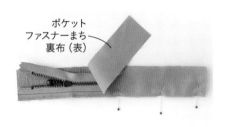

0.2

4　縫い代をまち側に倒し、裏布をよけてステッチをかける。

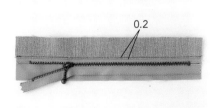

ジグザグミシン

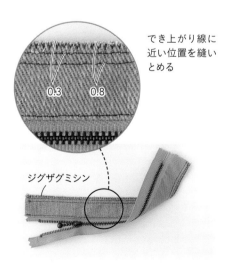

5　表布と裏布の裁ち端を揃えて縫いとめ、ジグザグミシンをかける。

ポケット表布
（表）

0.8

6 ポケット側面と中表に合わせて仮どめする。

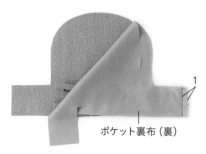

1

ポケット裏布（裏）

7 ポケット裏布を中表に重ねて縫う。

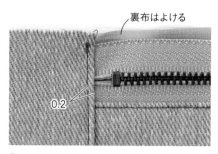

裏布はよける

0.2

8 縫い代を側面側に倒し、裏布をよけてステッチをかける。

0.8

9 反対側も同様に縫う。

1

0.3

10 ポケット表布と裏布を合わせて、周囲を縫いとめる。

1

バイアステープ始末

ポケット裏布
（表）

11 ポケット前面とファスナーまちを中表に合わせて縫い、縫い代をバイアステープで始末する。

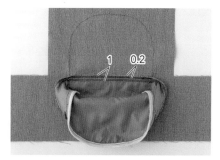

1　0.2

12 本体前面のポケットつけ位置にポケットを中表に合わせ、底辺を縫う（Lesson5 P.58、6参照）。

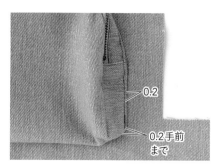

0.2

0.2手前
まで

13 ポケットを起こして印に合わせて、角から0.2cmの位置から反対側の角0.2cm手前までを縫う。

② リュック口を縫う

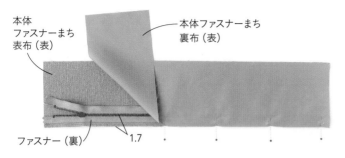

本体
ファスナーまち
表布（表）

本体ファスナーまち
裏布（表）

ファスナー（裏）　1.7

1 本体ファスナーまち表布とファスナーを中表に合わせて仮どめし、ファスナーまち裏布を中表に重ねて縫う（ポケットのファスナーつけと同様）。

2 縫い代を側面側に倒し、裏布をよけてステッチをかける。表布と裏布の裁ち端を揃えて縫いとめる。

0.8

1

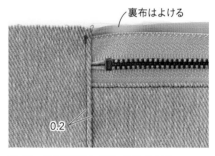

裏布はよける

0.2

3 本体側面と中表に合わせて仮どめする。

4 裏布を中表に重ねて縫う。

5 縫い代を側面側に倒し、裏布をよけてステッチをかける。

0.8

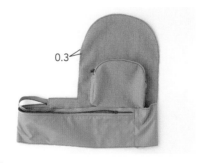

0.3

6 反対側も同様に縫う。

7 前面表布と裏布を合わせて、周囲を縫いとめる。

8 前面とファスナーまちを中表に合わせて縫い、縫い代をバイアステープで始末する。

③ テープを縫う

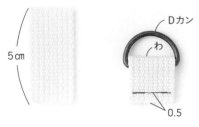

5cm

Dカン

わ

0.5

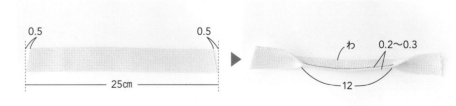

0.5　0.5

25cm

わ　0.2〜0.3

12

1 テープにDカンを通し、二つ折りにして縫いとめる。3つ作る。

2 持ち手用テープの中央を二つ折りにし、テープ端を揃えて縫う。

④ 前面と背面を縫う

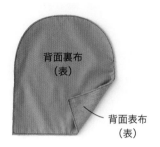

背面裏布
（表）

背面表布
（表）

1 背面表布と裏布を外表に合わせて、周囲を縫いとめる。

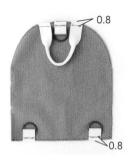

0.8

0.8

2 背面上部に持ち手とDカンのついたテープを、底辺左右にDカンのついたテープを仮どめする。

1あける　　　　1あける

3 背面と前面底を中表に合わせて、底辺のでき上がりの角から角までを縫う。

1

4 背面とファスナーまちを中表に合わせて、3の続き、角から角までを縫う。

バイアステープ

5 縫い代をバイアステープで始末する（Lesson2 P.18、基本の縫い方・A参照）。

でき上がり

肩ひもの作り方

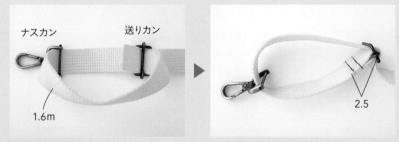

ナスカン　　　　送りカン

1.6m

1 テープの片端に送りカンを通してナスカンに通し、再び送りカンに通してダブルステッチでとめる。

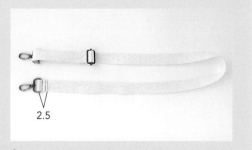

2.5

2.5

2 もう一方のテープ端にナスカンを通して、ダブルステッチでとめる。

縫い代の始末

縫い合わせた布の裁ち端がほつれてこないように、バイアステープで始末をします。
中に入れたものが常に当たっている部分なので、
かがり縫いやロックミシンのように引っかかる糸がない方がストレスもなく、
しっかりと始末する事により強度が増してリュックの形を保てて使いやすくもなります。
縫い代幅1cmに収まる0.8cm位を始末する幅の目安に、両側を折ったテープを用意しましょう。

バイアステープ

布の織り糸に対して45度をバイアスと言い、それをテープ状に裁ったもの。
裁ち端を折り込んでくるむようにして使うため、
仕上がり幅×4倍程の幅が必要になります。

市販のテープ

市販されているテープを使う
場合は、両端が折られた1.8
cm（18mm）幅のものが使い
やすいです。半分に折ると
0.9cm、くるむ縫い代の厚み
があるので仕上がり幅は0.7
〜0.8cmくらいになります。

1.8cm

1.8cm

布から作る

テープを作る場合は、両端
を折った状態に仕上げられ
るテープメーカーが便利です。
ブロードくらいまでの薄さで、
綿もしくは綿に近いアイロン
で折り目がつけやすい布が
いいでしょう。

◉ 両折バイアステープの作り方

両折1.8cmの仕上がり幅×2くらいのバイアステープを裁ち、
必要な長さにつないで使います。

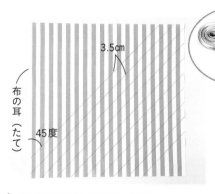

3.5cm

布の耳（たて）

45度

$\frac{布幅}{2}$（約55cm）×50cmで
約6mのテープが作れます！

1　バイアスに3.5cm幅でカットする。

2　布目で斜めにはぐ。

90度

中表に
合わせる

3　縫い目を少し細かくすれば、返
し縫いはしなくてもいい。

（表）

4　つながったところ。

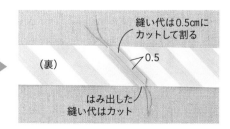

（裏）

縫い代は0.5cmに
カットして割る

0.5

はみ出した
縫い代はカット

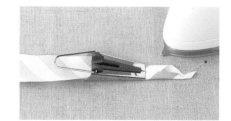

5　アイロンで両側を折る。

縫い方　両側を折ったテープを使いますが、折り目を開いて片側を縫いとめてから縫い代をくるみます。

◉ 基本の縫い方

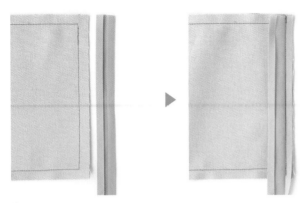

1 折り目より少しだけ縫い代側を縫う。

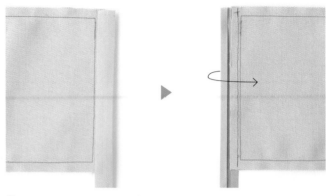

2 縫い代をくるむようにテープを裏側へ返す。

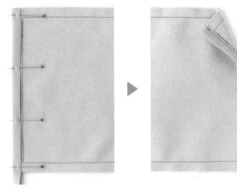

3 1の縫い目にテープ折り端を合わせてまち針でとめる。

4 折り端を縫う（縫うのは表側からでも裏側からでもいい）。

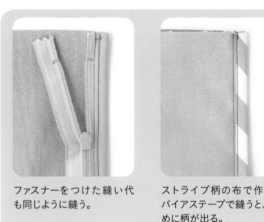

ファスナーをつけた縫い代も同じように縫う。

ストライプ柄の布で作ったバイアステープで縫うと、斜めに柄が出る。

◉ テープ端の縫い方

A 縫い流してとめる

仕上がってから表には見えない部分の縫い方です。
テープ端を裁ち切りますが、バイアスなのでほつれてくることはありません。

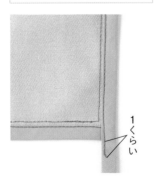

1 先に始末したテープに重ねて、1cmほど縫い流す。

2 折り上げて縫いとめ、テープを切る。

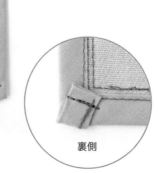

裏側

作品例
P.9

底に近い縫い代

B 折り込んで縫う

仕上がってから見える部分の縫い方です。テープの裁ち端も見えないように始末します。

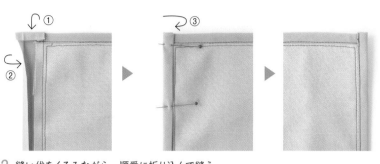

リュック口の縫い代

1 先に始末したテープの端から1cmほど余分をつけて縫い始める。

2 縫い代をくるみながら、順番に折り込んで縫う。

作品例
P.45

C 縫い始めに重ねてとめる

底や背面をぐるりと始末するときの縫い方です。縫い終わりを縫い始めで隠します。

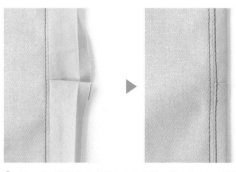

底の縫い代

1 1cmほど折って縫い始める。

2 ぐるりと縫って、折った部分に縫い重ねてテープを切る。

3 縫い始めと終わりを重ねたまま縫い代をくるんで縫う。

作品例
P.20

● 角を続けて縫う

テープを切らずに続けて縫いたいときは、角で始末幅をあけながら縫い進めます。

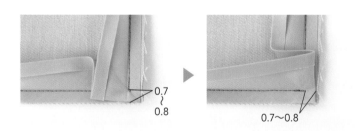

0.7〜0.8

0.7〜0.8

1 縫い代端から始末幅をあけて一度縫いとめ、テープを先に縫った方へ倒して縫い進める。

2 角のテープをたたみながら裏側へ返す。

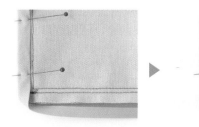

3 角をたたむように縫い代をくるんで縫う。

額縁のように仕上がる。

巾着リュック   実物大型紙C面

厚地 、薄地、極端に厚みが違う布で同じタイプを。
それぞれに適するように、リュック口だけ変えています。
マグネットボタンもそれぞれに合わせてみました。

ハトメ

ひも通し布

左／フェイクレザーは皮革の仕立てを参考にします。ハトメをあけ、
留め具にはネジ式マグネットボタンを。
下／ポリエステルの薄地は、ひもを通す部分を切り替えて、面で縫い
とめられる隠れるマグネットボタンをつけています。

作り方（ハトメ）

*分かりやすいように、布と糸の色を変えています。

材　料

- ○表布　135×40cm
- ○裏布　100×40cm
- ○バイアステープ（幅1.8cmの両折）　0.9m
- ○縁どり用バイアステープ
  （幅1.1cmの四折）　1.5m
- ○織りテープ（3cm幅）　2m
- ○持ち手用織りテープ（2.5cm幅）　0.3m
- ○送りカン（3cm幅）　2個
- ○角カン（3cm幅）　2個
- ○両面ハトメ（内径0.6cm）　12組
- ○ひも（直径0.4cm）　1m
- ○コードストッパー　1個
- ○マグネットボタン　1組
- ○必要に応じて接着キルト芯適宜

でき上がりサイズ

高さ　34cm
幅　　26cm
まち　16cm
バッグ口周囲
　　　74cm
肩ひもの長さ
　　　38〜70.5cm

500mlの
ペットボトル

裁ち合わせ図

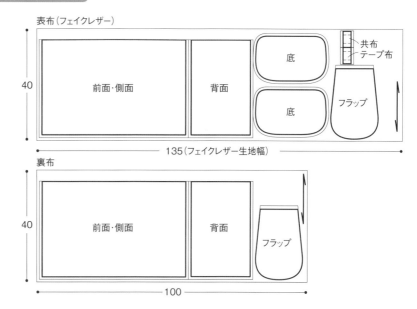

表布（フェイクレザー）

40

前面・側面　　背面　　底　　底　　フラップ　共布テープ布

135（フェイクレザー生地幅）

裏布

40

前面・側面　　背面　　フラップ

100

作り方のポイント

ハトメをあける部分だけ厚みを増やします。ここでは接着キルト芯を使っていますが、共布の残布でも、フェルトでも、表布になじめばOK。大きさはリングの直径×2くらい。

1 本体の表布と裏布を合わせる

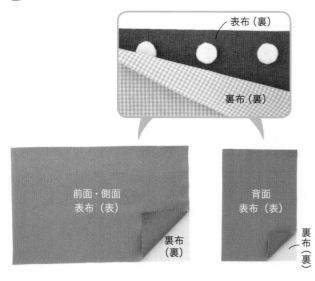

表布（裏）

裏布（裏）

前面・側面
表布（表）

裏布
（裏）

背面
表布（表）

裏布
（裏）

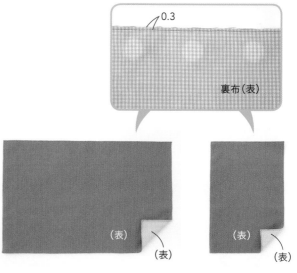

0.3

裏布（表）

（表）

（表）

（表）

1 前面・側面と背面のハトメ位置裏面にキルト芯を添え、それぞれ表布と裏布を外表に重ねる。

2 周囲を縫いとめる。

② フラップを作る

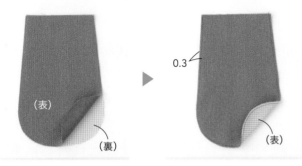

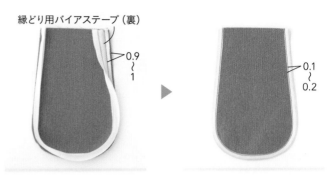

1　フラップ表布と裏布を外表に合わせて、周囲を縫いとめる。

2　バイアステープで縁どりする。フラップと縁どり用のバイアステープを中表に合わせて、テープの折り線を裁ち端から1cm位のところに合わせて縫い、テープで縫い代をくるむようにして縫いとめる。

③ 背面にフラップ・持ち手・テープを縫う

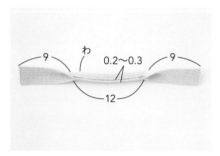

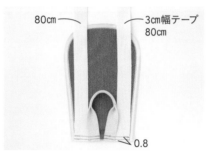

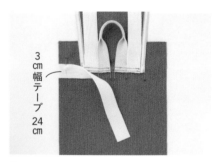

1　持ち手用テープの中央を二つ折りにし、テープの端を揃えてステッチをかける。

2　フラップ表側に持ち手と肩ひものテープを仮どめする。

3　背面にフラップを印に合わせてとめ、テープを重ねる。

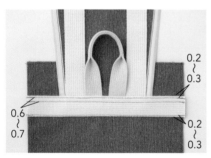

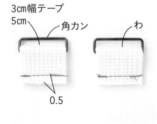

● フェイクレザーでテープを作る

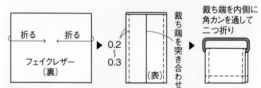

4　テープの両端にステッチをかけて、縫いとめる。

5　テープに角カンを通し、二つ折りにして縫いとめる。

織りテープが厚くて縫えない場合や、デザインとして共布テープを使う。

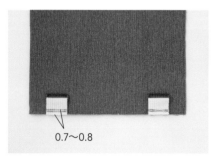

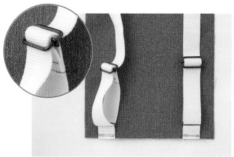

6　背面の底辺左右に角カンをつけたテープを仮どめする。

7　肩ひものテープに送りカンを通し、角カンに通し、再び送りカンに通して縫いつける。

④ 前面・側面と背面、底を縫う

1 背面と側面を中表に合わせて縫い、縫い代をバイアステープで始末する。縫い代は側面側へ倒す。

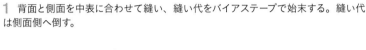

3 底表布2枚を外表に合わせて、周囲を縫いとめる。

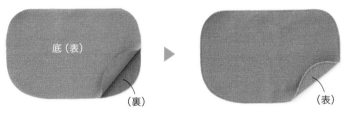

4 本体と底を中表に合わせて縫う。

2 リュック口を縁どりする。縁どり用バイアステープを中表に合わせて、ぐるりと縫う（Lesson2 P.19、C参照）。

0.9〜1　　縁どり用バイアステープ

5 縫い代をバイアステープで始末する（Lesson2 P.19、C参照）。

⑤ ハトメをあける

1 ハトメ位置に、ハトメ足の直径より小さめの穴をあけ、ほんの少し切り込みを入れる。
☆布はほつれたり伸びたりするので、穴は控えめにしておくと安心。

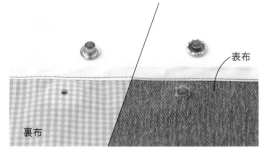

表布

裏布

2 裏布側から凸をはめて、表布側から凹を合わせる。

3 凸に打ち具を当てて、木槌などで打ちつける。

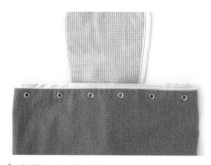

4 全部のハトメ穴があいたところ。

5 ひもを通し、ひもにコードストッパーを通して、ひも端を結ぶ。

⑥ マグネットボタンをつける

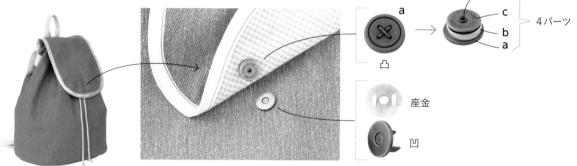

● フラップ側

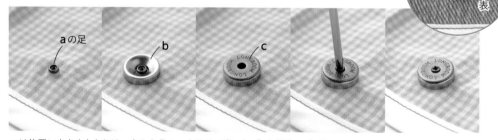

つけ位置に小さく穴をあけ、表から凸のaをはめて裏にし、bを置き、cを重ねてネジでとめる。

● 本体側

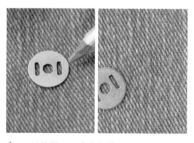

1 つけ位置に、座金を使って印をつける。

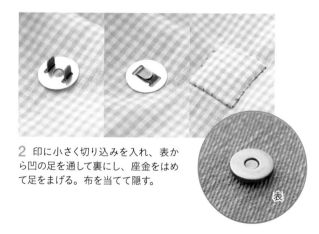

2 印に小さく切り込みを入れ、表から凹の足を通して裏にし、座金をはめて足をまげる。布を当てて隠す。

作り方（ひも通し布）

*分かりやすいように、布と糸の色を変えています。

材　料

- 表布　145×55cm
- バイアステープ（幅1.8cmの両折）　3m
- 縁どり用バイアステープ
  （幅0.8cmの四折）　0.7m
- 織りテープ（3cm幅）　2m
- 持ち手用織りテープ（2.5cm幅）　0.3m
- 送りカン（3cm幅）　2個
- 角カン（3cm幅）　2個
- ひも（直径0.4cm）　1m
- コードストッパー　1個
- マグネットボタン　1組

でき上がりサイズ

高さ　34cm
幅　　26cm
まち　16cm
バッグ口周囲
　　　74cm
肩ひもの長さ
　　　38〜70.5cm

500mlの
ペットボトル

裁ち合わせ図

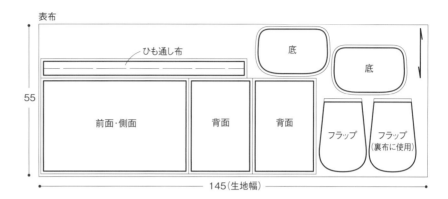

表布

ひも通し布

底

底

55

前面・側面

背面

背面

フラップ

フラップ
（裏布に使用）

145（生地幅）

作り方のポイント

ひもを通す部分は、縫い代が当たらないように
切り替えます。フラップを止めるマグネットボタン
は隠すタイプなので、仕立てながら縫いつけます。
ミシンの押え金は、ファスナー押えを使用。

1

フラップを作る

表布
（表）

裏布
（裏）

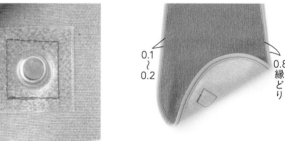

0.1
〜
0.2

0.8
縁
ど
り

1 フラップ裏布のマグネットボタンつけ位置、裏面にマグネットボタンの
表を合わせて縫う。

2 フラップ表布と裏布を外表に合わ
せて周囲を縫いとめ、縁どり用バイア
ステープで縫い代をくるんで縫う。

2

背面にフラップ・
持ち手・テープを
縫う

（P.22参照）

3

前面・側面と
背面を縫う

（P.23、**4**の1参照）

※裏布はつかない。

④ リュック口を縫う

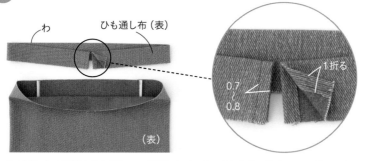

1 ひも通し布の両端をそれぞれ二つ折りにしてステッチをかけ、外表に二つ折りにする。

2 前面の中央にひも通し口を突き合わせて、中表に縫う。縫い代はバイアステープで始末をして、本体側へ倒す。

⑤ 底を縫う （P.23参照）

⑥ マグネットボタンをつける

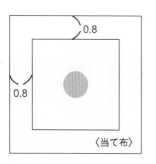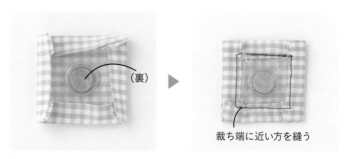

1 布の上にマグネットボタンを置き、縫い代をつけて裁つ。

2 くるむように4辺を折り、縫いとめる。

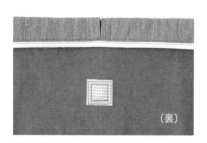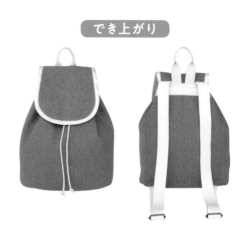

でき上がり

3 本体裏面のつけ位置に合わせて、縫いつける。

4 どちら側もステッチしか見えない。

リュックの口

大きく4つに分けてみました。
どこがどう開くのか、使い勝手なども考えながら見てみましょう。

A 縁にファスナーがつく口

- 形を強調できる
- ファスナーがデザインにもなる
- すっきりシンプル

B まちにファスナーがつく口

- どんな形でもファスナーつけが楽
- ファスナーの見え方で印象が変わる

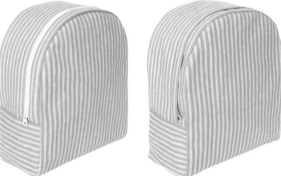

C 上部にファスナーがつく口

- ファスナーのつけ方で口が大きく変わる
- バッグやポーチでもよく見かける

D ファスナーがつかない口

- 仕立てはシンプル
- 留め具で楽しめる
- どうしてもファスナーをつけたくない人に……

A 前面の縁にファスナーがつく口

曲線の形が強調される。
ファスナーは、しつけをかけてから縫えば縫い直し無し。

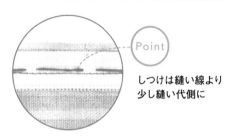

Point

しつけは縫い線より
少し縫い代側に

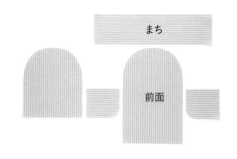

まち

前面

1 まちとファスナーを縫う

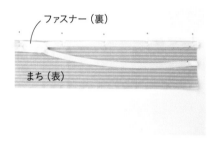

ファスナー（裏）

まち（表）

1 位置を合わせてまち針でとめる。

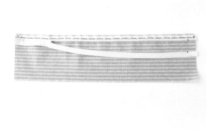

2 まち針とまち針の間はずれやすいので、しつけをかけてから縫う。

2 前面にファスナーを縫う

3 縫い代はまち側に倒す。

ファスナー（裏）

前面（表）

1 前面とファスナーを中表に合わせる。曲線にファスナーをつけるので、直線以上にしつけの必要性あり。

2 全てのパーツを縫い合わせる。

でき上がり

28

A 上面の縁にファスナーがつく口

フラップ（蓋）のようにあく口。ファスナー口の両脇には力がかかるので、ファスナーテープ端に布をつけ補強。見た目もきれい。

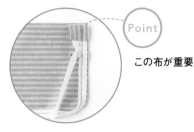

Point
この布が重要

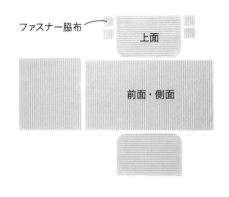

ファスナー脇布
上面
前面・側面

① ファスナーに脇布をつける

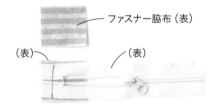

ファスナー脇布（表）
（表）　（表）

1 1枚の脇布を仮どめする。

（裏）

2 もう1枚を中表に合わせて縫う。

3 脇布を表に返す。反対側のファスナー端も同様。

② 上面とファスナーを縫う

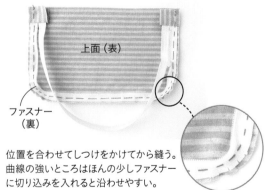

上面（表）
ファスナー（裏）

位置を合わせてしつけをかけてから縫う。曲線の強いところはほんの少しファスナーに切り込みを入れると沿わせやすい。

③ 前面・側面とファスナーを縫う

ファスナー（裏）
（表）

1 位置を合わせてしつけをかける。

2 ファスナーを縫ってから、全てのパーツを縫い合わせる。

でき上がり

29

B まちにファスナーがつく口

フォルムに関係なく、ファスナーと縫うのは直線のみ。
まちの前面側か背面側か、口は使いやすいあけたい位置に。

Point
ずっと直線。
見えるファスナーは
デザインの一部にも

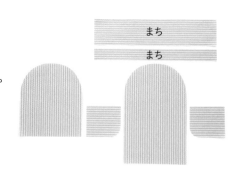

① ファスナーとまちを縫う

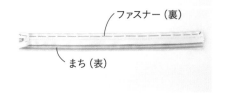

ファスナー（裏）
まち（表）

1 片方のまちとファスナーを中表に合わせ、し
つけをかけてから縫う。

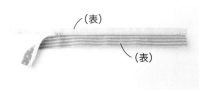

（表）
（表）

2 縫い代はまち側に倒す。

② まちと他のパーツを縫い合わせる

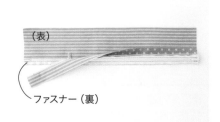

（表）
ファスナー（裏）

3 もう片方のまちも同様に縫う。

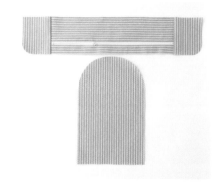

1 まちと前面を縫う。もうファスナーと縫い合
わせるところはない。

▶

2 全てのパーツを縫い合わせる。

でき上がり

B まちにかぶせファスナーがつく口

雨蓋のようにファスナーが隠される。雨よけはもちろん、布に合う色のファスナーがないときにも助かる口。

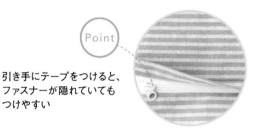

Point

引き手にテープをつけると、ファスナーが隠れていてもつけやすい

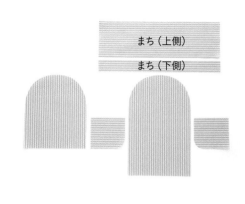

まち（上側）

まち（下側）

1 ファスナーとまちを縫う

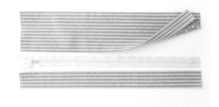

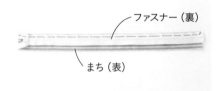
ファスナー（裏）
まち（表）

1 下側のまちとファスナーを中表に合わせ、しつけをかけてから縫う。

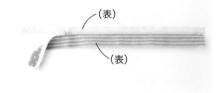
（表）
（表）

2 縫い代はまち側に倒す。

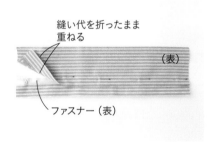
縫い代を折ったまま重ねる
（表）
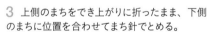
ファスナー（表）

3 上側のまちをでき上がりに折ったまま、下側のまちに位置を合わせてまち針でとめる。

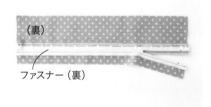
（裏）
ファスナー（裏）

4 ファスナーの上にしつけをかける。

5 ミシンで縫う。

2 まちと他のパーツを縫い合わせる

全てのパーツを縫い合わせる。

でき上がり

C 上部にファスナーがつく口

ポーチでもよく見かけるファスナーのつけ方。
両端につけた布は補強と縫い代隠しを兼ねた優れもの。

Point

この布があると
しっかり、
きれいな口に

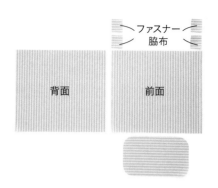

← ファスナー
脇布

背面　前面

① ファスナーに脇布をつける ☆コイルファスナー使用

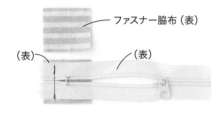

ファスナー脇布（表）

（表）　（表）

1 1枚の脇布を仮どめする。

（裏）

2 もう1枚を中表に合わせて縫う。

3 脇布を表に返す。

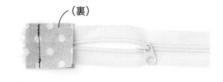

4 反対側は、口の寸法に合わせて同じように2枚の脇布を縫う。

5 ファスナーの余分を切る。

② ファスナーと本体を縫う

ファスナー（裏）

前面（表）

1 位置を合わせてしつけをかける。

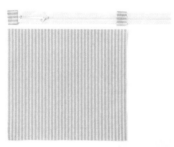

2 ミシンで縫う。

背面（表）

（表）

3 縫い代を前面側に倒す。背面も同様に縫う。

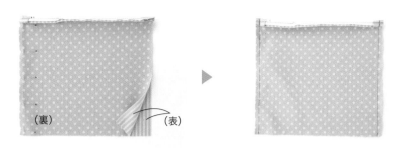

4 縫い代は全て本体側に倒す。

5 本体を中表に合わせて、両脇を縫う。

でき上がり

6 全てのパーツを縫い合わせる。

ファスナーの引き手

取り替えられる引き手（適応サイズがある）

スライダーの裏側を
見て、サイズを確認

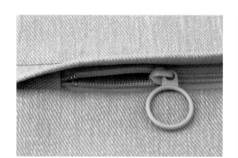

開閉するときに引く部分、ファスナーをつける位置や使い勝手により、
変えたいと思ったことはありませんか？
そんなときに、縫いつけたあとでも変えられるパーツがあります。
ファスナーサイズが限定されているので、必ず確認してから。
小さな部分にこだわるのも、手作りの楽しみです。

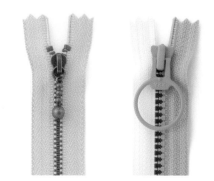

デザインされた引き手のファスナーもある

C 上部にワイヤー口金入りファスナーがつく口

物の出し入れがしやすい、大きく開く口。
口幅よりも長いファスナーをつける。

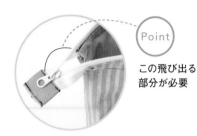

Point
この飛び出る
部分が必要

背面・表　前面・表

背面・裏　前面・裏

① 上部にファスナーをつける

1 前面表布とファスナーの中央を合わせ、まち針でとめる。

ファスナー（裏）

前面・表
（表）

2 ファスナーのテープ端を仮どめする。

前面・裏
（裏）

3 前面裏布を中表に合わせ、しつけをかける。

縫い代幅あける　　あける

4 両脇の縫い代をあけて縫う。

（裏）　　　（表）

5 表に返す。

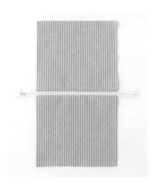

6 反対側も同様に縫う。

7 表布・裏布を、それぞれ中表に合わせて縫う。

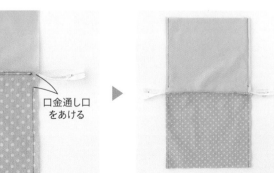

口金通し口
をあける

8 表に返す。

9 口金を通す部分にステッチをかける。

10 長すぎるファスナーテープは、布やテープで隠しとめて切る。

② 他のパーツを縫い合わせる

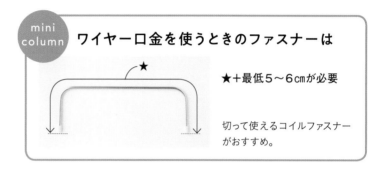

mini column **ワイヤー口金を使うときのファスナーは**

★＋最低5〜6cmが必要

切って使えるコイルファスナーがおすすめ。

③ 口金を通す

口金を通し終えたら、通し口はまつって閉じる。

でき上がり

**ワイヤー口金の魅力は
この 大きな口！**

1組の口金を突き合わせるとまちが分かる。

口幅　まち

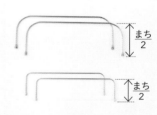

まち
2

まち
2

いろいろなサイズがあるので口幅とまちを考えて選びましょう。

D 上部にひもを通してしめる口

本体に使う布に合わせてひもを通す部分を考えるといい。
形はいわゆる巾着。そのままでも、フラップをつけても。

Parts ひも通しパーツいろいろ

ひも通し布

① ひも通し布を縫う

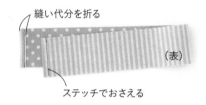

縫い代分を折る

（表）

ステッチでおさえる

わ

1 両端のひも通し口になる部分を縫う。

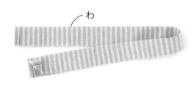

2 外表に二つ折りにする。

② ひも通し布を本体と縫う

本体（裏）

1 本体を縫う。

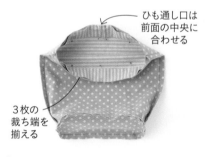

ひも通し口は
前面の中央に
合わせる

3枚の
裁ち端を
揃える

2 本体上部にひも通し布を中表に合わせ、まち針でとめる。

3 ミシンで縫う。縫い代は本体側へ倒す。

4 縫い上がり。

ひもを通して
コードストッパーを
つけてみた

フラップを
つけてみた

でき上がり

D 上部をたたんでとじる口

高さを長く作ればロールトップになる、紙袋のような形。
しめる部分がないので、留め具を活用する。

Parts 留め具いろいろ

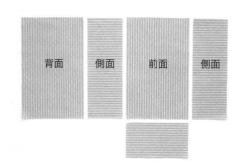

背面　側面　前面　側面

① 口部分の始末をする

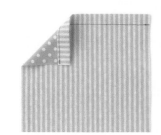

1 各パーツの口を始末する。

2 本体を縫い合わせる。

3 全てのパーツを縫い合わせる。

でき上がり

ベルト・留め具を
つけてみた

フラップあきリュック

実物大型紙D面

蓋のように大きくあく口は、少し傾斜をつけて
使いやすくしました。シンプルで大容量。
表布にワッシャー加工のナイロンオックス、
裏布にナイロンタフタを使用。

背面にウレタンキルトを使って、背中にクッションを。

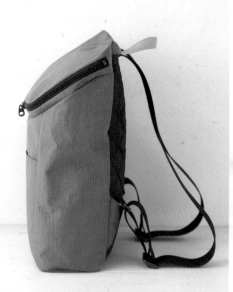

裏布は同色でも配色にしても柄地でも。補
強の為につけますが、楽しめる部分です。

作り方

*分かりやすいように、布と糸の色を変えています。

材料

- ○表布　110×45cm
- ○表布（別布）　25×45cm
- ○裏布　110×55cm
- ○ファスナー（50cm）　1本
- ○バイアステープ（幅1.8cmの両折）　2.8m
- ○送りカン（3.8cm幅）　2個
- ○角カン（3.8cm幅）　2個
- ○織りテープ（3.8cm幅）　2.1m
  ※共布でテープを作る場合は1.7m
- ○持ち手用織りテープ（2cm幅）　0.2m

でき上がりサイズ

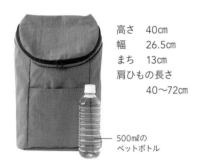

高さ　40cm
幅　26.5cm
まち　13cm
肩ひもの長さ
　　40〜72cm

─ 500mlの
　ペットボトル

裁ち合わせ図

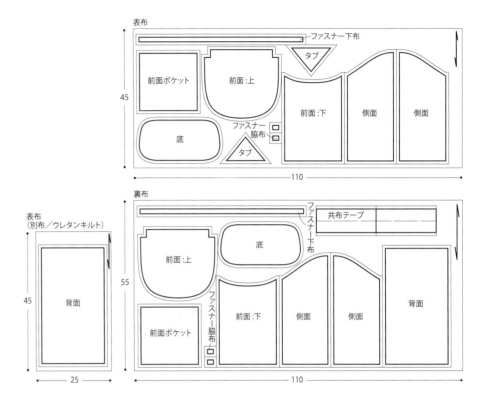

表布

ファスナー下布
タブ
前面ポケット
前面:上
前面:下
側面
側面
ファスナー脇布
底
タブ
45
110

裏布

ファスナー下布
共布テープ
前面:上
底
背面
前面ポケット
ファスナー脇布
前面:下
側面
側面
背面
55
110

表布
（別布／ウレタンキルト）
背面
45
25

作り方のポイント

リュック口のファスナーつけ下側は、ファスナーにつけた細長い布と本体を縫い合わせるので、曲線のファスナーつけは上側のみ。パーツと工程は増えますが、増えた分縫いやすく、使いやすい仕上がりになります。

① ポケットを縫う

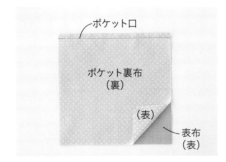

ポケット口
ポケット裏布
（裏）
（表）
表布
（表）

1　ポケット布を中表に合わせて口を縫い、表に返してステッチをかける。

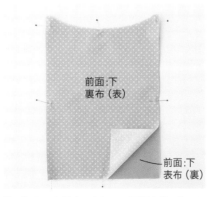

前面:下
裏布（表）
前面:下
表布（裏）

2　前面:下を外表に合わせて周囲を縫いとめる。

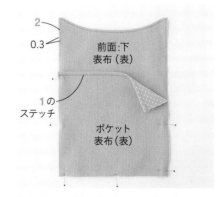

2
0.3
前面:下
表布（表）
1の
ステッチ
ポケット
表布（表）

3　前面:下にポケットを重ねて仮どめする。

② 前面と側面を縫う

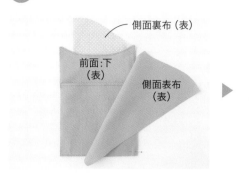
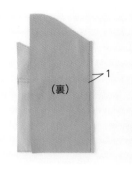
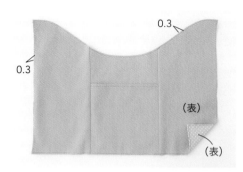

1 前面:下を側面の表布と裏布ではさむようにして縫う。縫い代は側面側に倒す。

2 同じよっにして反対側も縫い、側面の表布と裏布を外表に合わせて周囲を縫いとめる。

③ リュック口を縫う

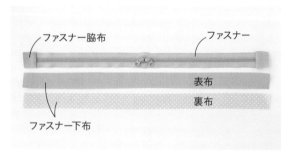
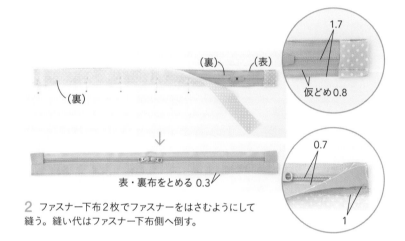

1 ファスナーに脇布をつけ、ファスナー下布と縫う（脇布のつけ方は Lesson5 P.57 参照）。

2 ファスナー下布2枚でファスナーをはさむようにして縫う。縫い代はファスナー下布側へ倒す。

3 ファスナー下布を中表に合わせて、しつけをして縫う。

4 縫い代をバイアステープで始末して、本体側へ倒す（縫い代の始末は Lesson2 P.18、基本の縫い方参照）。

ファスナーの下側がついたところ。

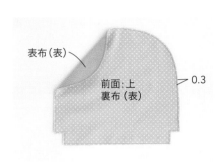

5 前面:上の表布と裏布を外表に合わせて周囲を縫いとめる。

6 前面:上とファスナーを縫う。曲線につくのでしつけをしてから縫う。

7 縫い代をバイアステープで始末する。

④ 背面を縫う

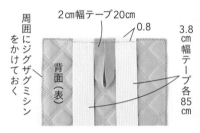

1 上部に肩ひもと持ち手を仮どめする。

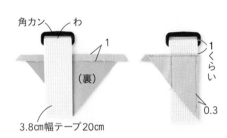

2 タブを縫う。テープに角カンを通して二つ折りにし、ステッチをかける。2個作る。
☆作品は裏布でテープを作っています

織りテープが厚いときなど
☆共布でテープを作る(実物大型紙あり)

3 両脇にタブを仮どめする。

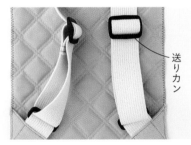

4 肩ひもに送りカンを通し、角カンを通してわにつなげて端を縫う。

背面にいろいろついたところ。

⑤ 本体と背面を縫う

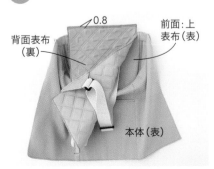

1 前面:上と背面の上部を中表に合わせて仮どめする。

2 裏布側を見て、1で縫った位置に背面裏布を中表に合わせて縫う。

41

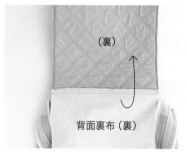

3 背面表布のみを起こして、ステッチをかける。

4 裏側にして背面裏布を表布と外表に合わせ、周囲を縫いとめる。

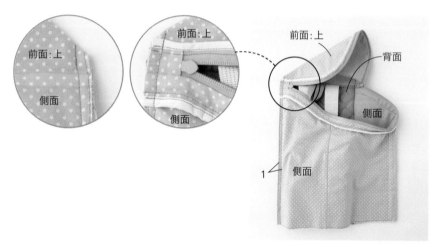

5 側面と背面を中表に合わせて縫う。

6 縫い代をバイアステープで始末する（Lesson2 P.19、B 参照）。

⑥ 底を縫う

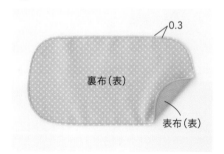

1 表布と裏布を外表に合わせて周囲を縫いとめる。

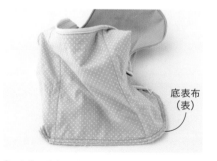

2 本体と中表に合わせて縫う。

3 縫い代をバイアステープで始末する（Lesson2 P.19、C 参照）。

でき上がり

肩ひも

リュックに不可欠な背負うための肩ひも。長さを調節できるように作ります。
使い心地や好みをいろいろと取り込めるので
手作りならではのオリジナルリュックにできる部分です。

織りテープを使う

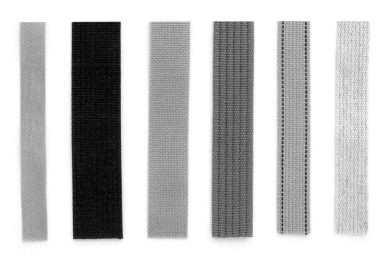

アクリル、ポリエステル、レーヨン、綿、麻など、素材も幅・厚みもさまざま。
使う箇所に合わせて選びます。縫い合わせたり、折って縫うこともあるので、2枚重ねた厚みを確認しておくと安心。

ほつれ止め

カットしたテープの裁ち端につける。
テープ端を二つ折りで始末するときに使うと安心。

テープを作る

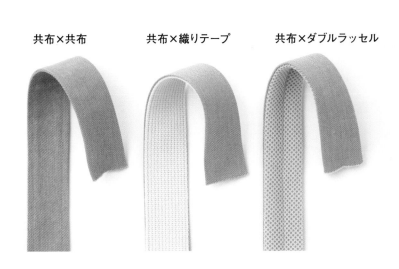

共布×共布　　　共布×織りテープ　　　共布×ダブルラッセル

肩に当たる部分は、少し幅を広くクッション性をもたせると安定します。
アジャスターを固定するテープは自分好みに手作りしてみても。

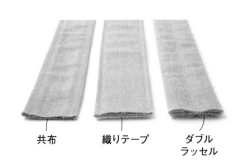

共布　　　織りテープ　　　ダブルラッセル

テープと合わせて使う
アジャスター

長さを調節するためのパーツ。
「送りカン」「移動カン」「コキカン」「リュックカン」と呼ばれるものは、角カンとセットで使います。
「ラダーラック」「テープアジャスター」と呼ばれるものは、リュックによく見かけます。

1本のテープに通して使う送りカン

金属とプラスチックがある

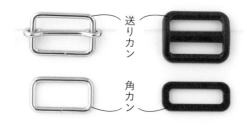

送りカン

角カン

作品例
P.20

作品例
P.45

2本のテープをつないで使うテープアジャスター

1本のテープを固定し、もう1本のテープで長さを調節する。プラスチックパーツ。

作品例
P.75

●通し方

肩ひもをつける位置

◎ **肩側**　首のつけ根辺り、中央寄りにつけます。

●**縁にはさみ込む**

●**テープを重ねて、たたきつける**

●**背面を切り替えてはさみ込む**

◎ **底側**　肩側よりも間隔をあけてつけます。両サイドにつけると体にフィットします。

●**底の縁にはさみ込む**

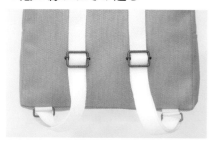

●**側面の縁にはさみ込む**

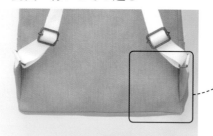

▶三角タブをつけると、フィット感が増す

フラップトップリュック

実物大型紙B面

シンプルな形を保つ為に、背面はキルト芯をはさんでいます。
共布と織リテープで作る幅広の肩ひもは丈夫でスッキリ。
素材やパーツでいろいろ楽しめます。

リュック口に、はさみつけるタイプのマグネットボタンを。1カ所とめられると、たたみやすい。スナップボタンでも。

Arrange
ロールトップリュック

高さを長くするだけでロールトップに。
口を巻きたいので素材を変えて1枚仕立てにし、
底はウレタンキルトで丈夫にしました。

ワッシャー加工のナイロンオックスを使用。リュックの口は三つ折リステッチ、肩ひもは織リテープに。

作り方

＊分かりやすいように、布と糸の色を変えています。

材 料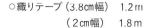

- 表布　110×70cm
- 裏布　100×60cm
- 接着キルト芯　35×45cm
- バイアステープ（幅1.8cmの両折）　2.6m
- 送りカン（2cm幅）　2個
- 角カン（2cm幅）　2個
- バックル（2cm幅）　1組
- 織りテープ（3.8cm幅）　1.2m
　　　　　（2cm幅）　1.8m
- マグネットボタン　1組

バックル

マグネットボタン

でき上がりサイズ

高さ　40cm
幅　　28cm
まち　14cm
肩ひもの長さ
　　　56〜71cm

500mlの
ペットボトル

作り方のポイント

リュック口を紙袋のようにたためるリュックです。背面の補強や肩ひものつけ方は、バッグをリュックにアレンジする参考にも。

裁ち合わせ図

表布

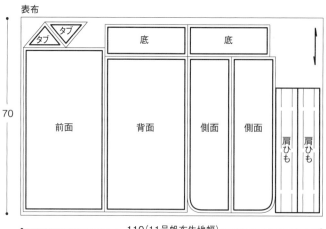

タブ　タブ
底　　底
前面　背面　側面　側面　肩ひも　肩ひも

70

110（11号帆布生地幅）

裏布

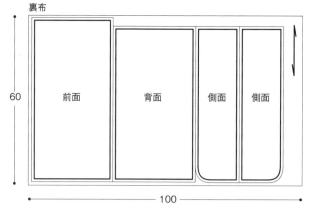

前面　背面　側面　側面

60

100

接着キルト芯

背面部分芯

45

35

① 前面を縫う

1

前面裏布
（裏）

1 前面表布と裏布を中表に合わせて、リュック口を縫う。

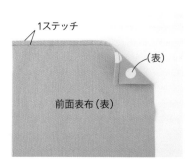

1ステッチ

前面表布（表）

（表）

2 表に返して、ステッチをかける。

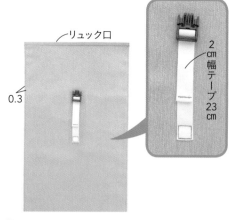

リュック口

0.3

2cm幅テープ23cm

3 周囲を縫いとめ、バックルを通したテープを縫いつける。

4 底布で前面をはさみ込むように合わせて縫う。

5 表に返す。

② 背面を縫う

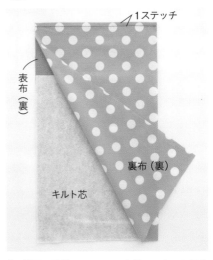 

1 前面と同様にリュック口を縫い、キルト芯をはる。

2 表布と裏布を合わせて周囲を縫いとめる。

③ 肩ひもを縫う

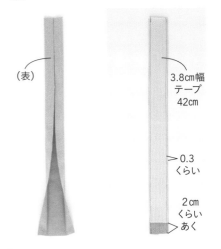 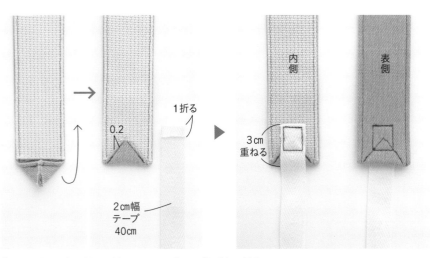

1 外表に両側を折り、テープを重ねてステッチをかける。

2 表布端を三角に折り、縫いとめる。別テープを重ねて縫う。

4 タブを縫う

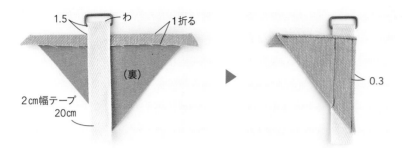

タブに角カンを通したテープをはさんで縫う。ステッチでしっかりとめる。

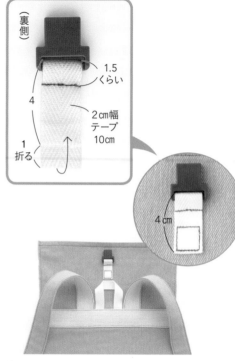

5 縫い合わせる

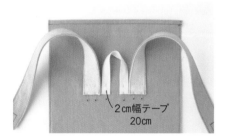

1 背面上部に持ち手と肩ひもをとめる。

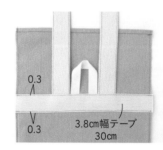

2 テープを重ねてステッチをかける。

3 バックルを通したテープを縫いつける。

4 両脇にタブを仮どめする。

5 肩ひもに送りカンを通し、角カンを通してわにつなげて端を縫う。

6 前面と同様にリュック口を縫い、周囲を縫いとめる。

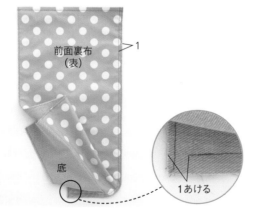

7 側面表布（表）に前面を中表に合わせて縫う。

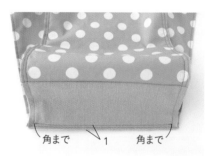

8 背面と中表に合わせて底を縫う。

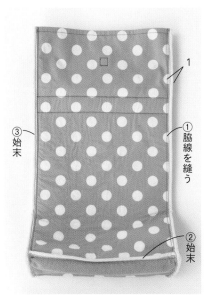

9 背面と側面の脇線を縫う。縫い代をバイアステープで始末していく（縫い代の始末はLesson2 P.18・19、基本の縫い方・B参照）。

10 全ての縫い代が始末された状態。

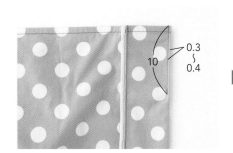

11 側面の中央を二つ折りにして縫う。

12 マグネットボタンをつける。

でき上がり

高さを足して
ロールトップリュックに

口を巻いてとじるリュックへのアレンジです。型紙はリュック口を平行に10cmプラスし、ナイロンオックスで裏布をつけない1枚仕立てに。リュック口の縫い代を2cmにしての三つ折りステッチ以外は、フラップトップリュックの作り方を参考に。

材料

○表布　115×70cm
○表布（別布）　35×15cm
○バイアステープ（幅1.8cmの両折）　3m
○送りカン（3cm幅）　2個
○角カン（3cm幅）　2個
○バックル（2cm幅）　1組
○織りテープ（3cm幅）　2.3m
　　　　　　（2cm幅）　0.4m

でき上がりサイズ

フラップトップと同じ

裁ち合わせ図

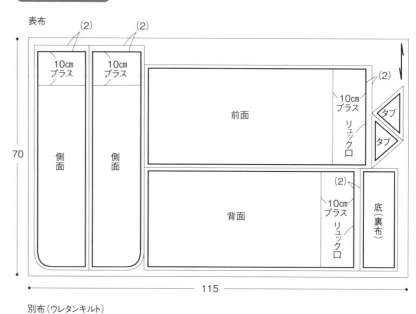

参考までに……

P.75の
ワイヤー口金リュックの
表布を配色にしないで
作りたいとき

材料

○表布　115×55cm

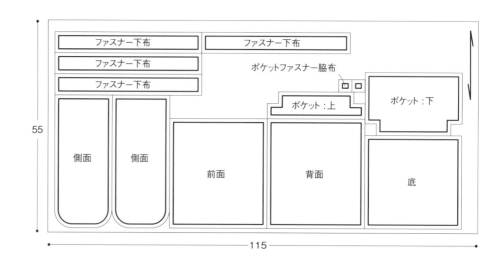

スクエアリュック

実物大型紙A面

ポケット口とリュックの口、どちらも見える
ファスナーで、ファスナーつけは直線のみ。
前面と背面にナイロンオックスの
ウレタンキルトを使って中身をガード。

左／肩ひもにもウレタンキルトを使い、背
中にも肩にもクッションを。
右／まち、側面、サイドポケットは、裏布
にも使うポリエステル地を使用。

作り方

＊分かりやすいように、布と糸の色を変えています。

材　料

○表布（ポリエステル）　145×55cm
○表布（ウレタンキルト）　85×50cm
○ファスナー（50cm）　1本、（20cm）　1本
○バイアステープ（幅1.8cmの両折）　4.5m
○テープアジャスター（2.5cm幅）　2個
○織りテープ（2.5cm幅）　1m

でき上がりサイズ

高さ　38cm
幅　　25cm
まち　12.5cm
肩ひもの長さ
　　　43〜87cm

500mlの
ペットボトル

作り方のポイント

縫い代をバイアステープで始末することで、形を保てます。前面ポケットのファスナーも骨組みの一部に。布も付属も始末も有効に使います。

裁ち合わせ図

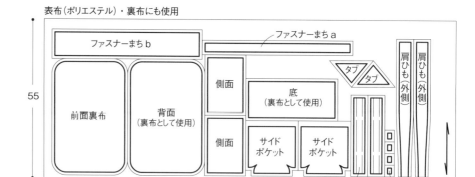

表布（ポリエステル）・裏布にも使用

ファスナーまちb
ファスナーまちa
側面
前面裏布
背面（裏布として使用）
底（裏布として使用）
タブ
タブ
肩ひも外側
肩ひも外側
側面
サイドポケット
サイドポケット
持ち手
ファスナー脇布

55

145（ポリエステル生地幅）

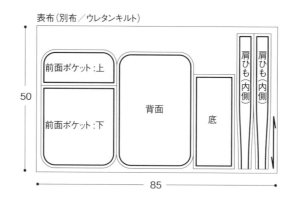

表布（別布／ウレタンキルト）

前面ポケット:上
前面ポケット:下
背面
底
肩ひも（内側）
肩ひも（内側）

50

85

---

① ポケットを縫う

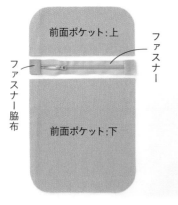

前面ポケット:上
ファスナー
ファスナー脇布
前面ポケット:下

1 ファスナーに脇布をつける（脇布のつけ方はLesson5 P.57参照）。

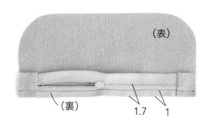

（表）
（裏）
1.7　1

2 前面ポケット:上とファスナーを縫う。

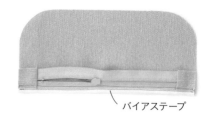

バイアステープ

3 縫い代をバイアステープで始末する（縫い代の始末はLesson2 P.18、基本の縫い方参照）。

4 前面ポケット:下とファスナーを縫い、縫い代をバイアステープで始末する。

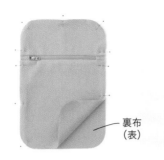

5 前面裏布に重ねてとめる。裏布は袋布になる。

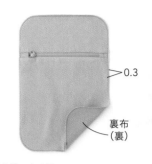

6 周囲を縫いとめる。

② リュック口を縫う

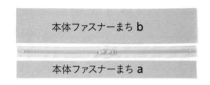

1 ファスナーに本体ファスナーまちをつける。

2 まちとファスナーを縫い、縫い代をバイアステープで始末する(Lesson3 P.30参照)。

3 両脇に側面を縫う。

③ サイドポケットを縫う

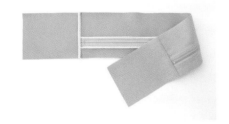

4 縫い代をバイアステープで始末して、側面側に倒す。

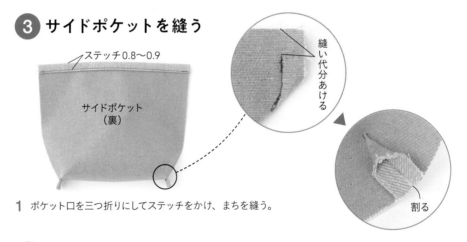

1 ポケット口を三つ折りにしてステッチをかけ、まちを縫う。

④ 底を縫う

2 側面に仮どめする。

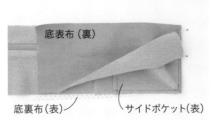

1 底表布と裏布でサイドポケットをはさむようにして縫う。

2 表に返し、反対側も同様に縫う。

3 底布の表布と裏布を合わせて、端を縫いとめる。

⑤ タブを縫う

50cm

1折る

タブ（裏）

0.3くらい

（表）

タブにテープをはさんで縫う。ステッチでしっかりとめる。

⑥ 持ち手を縫う

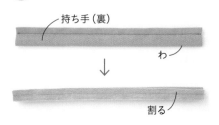

持ち手（裏）

わ

割る

1 持ち手を中表に折って縫う。縫い代を割る（指アイロンでOK）。

（表）

2 表に返す。縫い目は中央に。

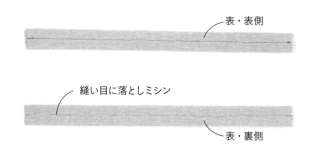

表・表側

縫い目に落としミシン

表・裏側

3 中央にステッチをかける。2本作る。

⑦ 肩ひもを縫う

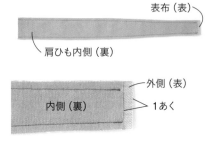

表布（表）

肩ひも内側（裏）

外側（表）

内側（裏）

1あく

1 肩ひもを中表に合わせて縫う。

（表）

2 表に返す。

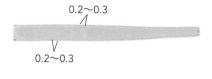

0.2〜0.3

0.2〜0.3

3 両端にステッチをかける。2本作る。

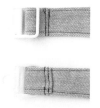
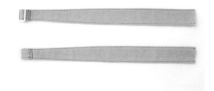

4 テープアジャスターを通し、端を1cm折って縫いとめる。

⑧ 背面を縫う

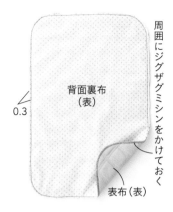

周囲にジグザグミシンをかけておく

背面裏布（表）

0.3

表布（表）

1 表布と裏布を外表に合わせて、周囲を縫いとめる。

0.8

2 上部に肩ひもと持ち手を仮どめする。

余分はカット

3 両脇にタブを仮どめし、アジャスターにテープを通して端を縫う（P.73 ラウンドリュック⑧の6参照）。

⑨ 縫い合わせる

0.8

1 前面上部に持ち手を仮どめする。

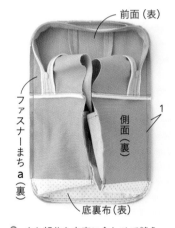

前面（表）

ファスナーまち a（裏）

側面（裏）

1

底裏布（表）

2 まち部分を中表に合わせて縫う。

バイアステープ

3 縫い代をバイアステープで始末する（Lesson2 P.19、C参照）。

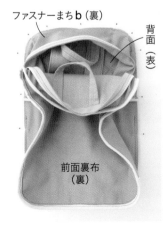

ファスナーまち b（裏）

背面（表）

前面裏布（裏）

4 同じように背面を中表に合わせて縫う。ファスナーはあけておく。

5 縫い代をバイアステープで始末して表に返す。

でき上がり

ポケット

リュックのポケットは、かなり実用的です。
なにを入れるために、どこにどれくらいのサイズが必要か、
実際に持ち歩きたい物を見ながら考えてみましょう。

フラットポケット

ファスナーつき
フラットポケット

サイド
ポケット

ファスナー
まちつき
パッチポケット

▶パッチポケットの印つけ　　表に印をつけるときは、ポケットで隠れる位置にかきます。

1　型紙のポケット位置をくりぬく。

2　布の表に重ねて印す。

0.3くらい

2　縫うときは、この印の外側にポケットを合わせる。

▶ファスナーつけ

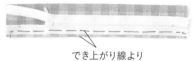

でき上がり線より
0.2cm縫い代側をとめる

ポケット口にファスナーをつけることが多くあります。
まち針でとめるだけでは、
まち針とまち針の間がずれてしまうことも。
少しでも不安に思うときは、
しつけをかけてから縫いましょう。

▶ファスナー脇布

ファスナーテープの端を隠して、ポケット口の補強をするために、小さな布をつけます。

● コイルファスナー

ミシンで縫えて、ハサミで切ることができる。脇布2枚を中表に、ファスナーをはさんで縫う。

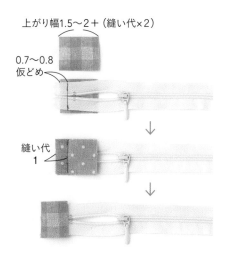

上がり幅1.5〜2＋(縫い代×2)

0.7〜0.8
仮どめ

縫い代
1

1 上どめ側から脇布をつける。

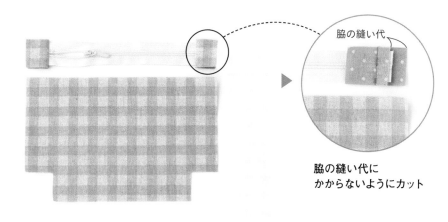

脇の縫い代

脇の縫い代に
かからないようにカット

2 縫い合わせる寸法に合わせて、もう片方の脇布もつける。
長いファスナーを使用した場合は切る。

フラットな、かぶせファスナーあきの場合

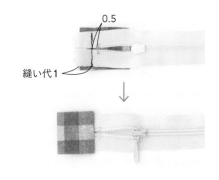

0.5

縫い代1

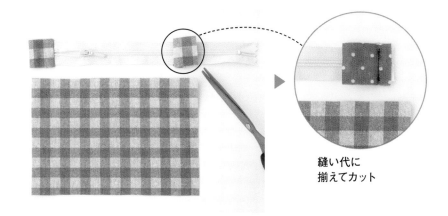

縫い代に
揃えてカット

● ビスロン、金属ファスナー

ミシンで縫えず、ハサミで切れないので、
必要な寸法のファスナーを使う。脇布の
つけ方はコイルファスナーと同様。下ど
め側も上どめ側と同じように縫う。

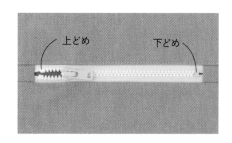

上どめ　　　下どめ

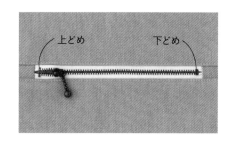

上どめ　　　下どめ

前面 ポケット縁にファスナーがつく、まちつきパッチポケット

片側にまちがつき、もう一方をポケット縁と縫う。
曲線は、合印を合わせてしつけをかけること。

まち
ポケット
側面・底

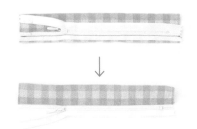

1 まちとファスナーを縫う。

2 側面・底布と縫う。

縫い代分あける
でき上がりの
角まで

3 ポケット底辺とまちの底位置を縫う。

②縫う
①
しつけ

4 側面とファスナーを縫う。

折る

5 表に返して、縫い代を折る。

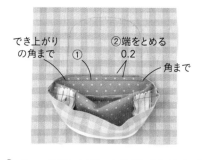

でき上がり
の角まで
①
②端をとめる
0.2
角まで

6 リュック本体のポケット位置に合わせて、底の部分から縫う。

しつけ

7 ポケットを起こして、印を隠すように合印を合わせてしつけをかける。

ステッチ
0.2

8 ステッチで縫いつける。ファスナーはあけた状態が縫いやすい。

でき上がり

前面 まちにファスナーがつくパッチポケット

まちの中間にファスナーがつくので、やや広めのまち幅が必要。

まち
まち
ポケット
側面・底

1 ファスナーをつけたまちと、側面・底布を縫う。

2 ポケットを縫い、表に返して本体に縫いつける。

でき上がり

前面 まちにかぶせファスナーがつくパッチポケット

かぶせファスナーがつけられるまち幅が必要。

まち
まち
ポケット
側面・底

1 ファスナーをつけたまちと、側面・底を縫う。

2 ポケットを縫い、表に返して本体に縫いつける。

でき上がり

前面 ファスナーあき、まちつきのスクエアパッチポケット

立体で難しそうに見えても、
ファスナーをつける部分は直線のみ。
容量のあるポケット。

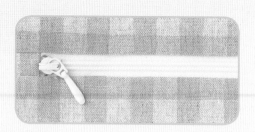

ファスナー
脇布

ポケット：上

ポケット：下

1 ファスナーに脇布をつける。

2 ポケット：上と縫う。縫い代はポケット側へ倒す。

3 ポケット：下と縫う。

4 縫い代をでき上がりに折る。

5 まちを縫う。

縫い代分あける

6 表に返す。

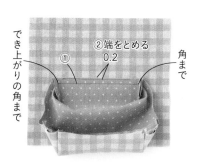

でき上がりの角まで
①
②端をとめる
0.2
角まで

7 リュック本体のポケット位置に合わせて、底辺を縫う。

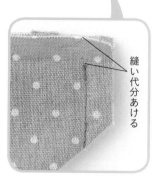

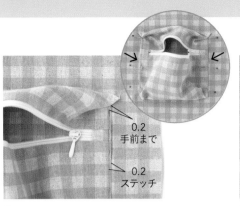

0.2
手前まで

0.2
ステッチ

8 ポケットを起こして、両脇をステッチで縫いとめる。

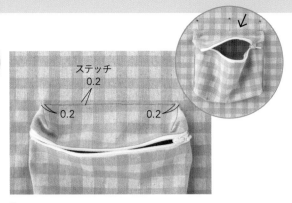

ステッチ
0.2

0.2   0.2

9 最後に上部を縫いつける。

できあがり

前面 かぶせファスナーあき、まちつきのスクエアパッチポケット

雨蓋のようにファスナーが隠れるので、
撥水・防水加工された布で作るとより効果的。

ファスナー
脇布

ポケット:上

ポケット:下

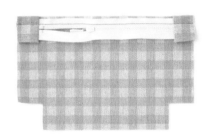

1 ファスナーに脇布をつけ、ポケット:下と縫う。

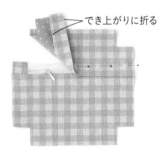

でき上がりに折る

2 ポケット:上を合わせて重ねる。

3 ステッチで縫いとめる。

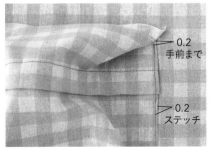

0.2
手前まで

0.2
ステッチ

▶

ステッチ
0.2

0.2   0.2

4 リュック本体のポケット位置に合わせて、底辺→両脇→上部の順に縫いつける。

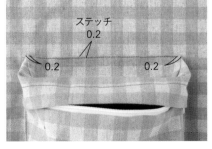

でき上がり

前面 内側 ファスナーがつくフラットポケット

ポケット周囲の縫い代を隣り合うパーツに縫い込み、すっきりと仕立てる。
ポケットの内側に袋部分の縫い代が存在しない。

縫い込む
縫い込む

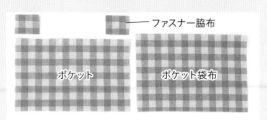

ファスナー脇布
ポケット
ポケット袋布

1 ファスナーに脇布をつける。

2 ポケットとファスナーを縫う。縫い代はポケット側に倒す。

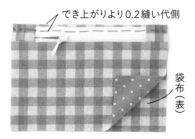

でき上がりより0.2縫い代側
袋布（表）

3 袋布の上に重ねて、しつけをかける。

 ▶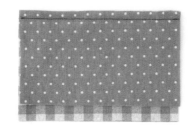

4 ポケットの上のパーツと中表に合わせて縫う。

5 縫い代は上側に倒す。

 ▶

6 ポケットの下のパーツと中表に合わせて縫う。

7 両脇のパーツと縫い合わせる。

でき上がり

前面 ファスナーがつく、まちつきスクエアポケット

縫い込む

縫い込む

見た目はパッチポケットでも、作り方は縫い代を縫い込む仕立て方。
ポケットをつけるパーツの幅でポケットのサイズが決まる。

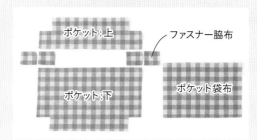

ポケット:上　　ファスナー脇布

ポケット:下　　ポケット袋布

1　ファスナーに脇布をつける。

2　ポケット:上と縫う。縫い代はポケット側に倒す。

3　ポケット:下と縫う。

4　まちを縫う。

縫い代分あける

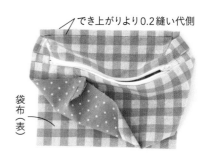

でき上がりより0.2縫い代側

袋布（表）

5　表に返して、袋布に合わせて仮どめする。

6　4辺を仮どめしたところ。

▶

7　上下のパーツと縫い合わせる。

8　両脇のパーツと縫い合わせる。

でき上がり

63

前面 フラップつきフラットポケット

ファスナーで閉じる代わりにフラップでふたをするポケット。
マグネットボタンをつけてもいい。

縫い込む

縫い込む

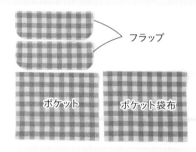

フラップ

ポケット　　　ポケット袋布

1　フラップ2枚を中表に合わせて縫う。

2　表に返して、ステッチをかける。

ポケット口

袋布（表）

3　ポケット口を始末して、袋布に重ねてとめる。

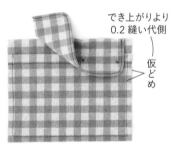

でき上がりより
0.2 縫い代側

仮どめ

4　フラップを合わせて、仮どめする。

でき上がりより
0.2 縫い代側

5　ポケットの上のパーツと中表に合わせて縫う。

6　縫い代は上側に倒す。

7　ポケットの下のパーツと中表に合わせて縫う。

でき上がり

8　両脇のパーツと縫い合わせる。

側面 ポケット口にゆとりがあるサイドポケット

まちの幅で作るポケット。
何を入れたいかによって、ゆとりが変わる。
ポケット口にゴムを通すと、中身の飛び出し防止に。

口にゴムを通してもいい

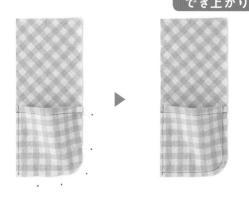

でき上がり

1 ポケット口を始末する。

2 側面に合わせて仮どめし、他のパーツと縫い合わせる。

側面 まちつきサイドポケット

ペットボトルなどを入れたいときは、
まちで全体的にゆとりをとる。
深さは使い勝手を考えて決めるといい。

縫い代分
あける

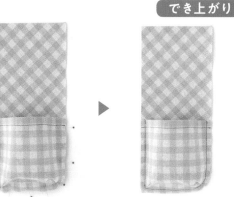

でき上がり

1 ポケット口を始末し、まちを縫う。

2 側面に合わせて仮どめし、他のパーツと縫い合わせる。

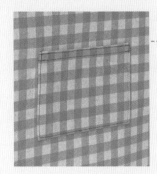

内側 パッチポケット

大きさは好みに合わせて自由自在。二重にしてポケット口をステッチで縫いとめる。
ポケット内側に縫い代がなく、二重で丈夫な内ポケット。

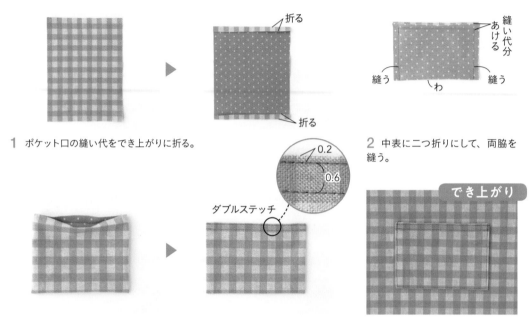

折る

1 ポケット口の縫い代をでき上がりに折る。

折る

縫い代分あける
縫う　わ　縫う

2 中表に二つ折りにして、両脇を縫う。

0.2
0.6

ダブルステッチ

でき上がり

3 表に返して、口を合わせてステッチで閉じる。

4 ポケット位置に縫いつける。

内側 まちつきパッチポケット

ポケットの底辺はフラットに、
タックをたたむようにまちを入れたポケット。
二重のわの部分を底にしているので縫い代がなく、
すっきり縫える。

折る

1 ポケット口の縫い代をでき上がりに折る。

折る

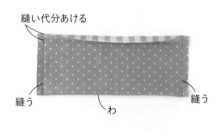

縫い代分あける

縫う　わ　縫う

2 中表に二つ折りにして、両脇を縫う。

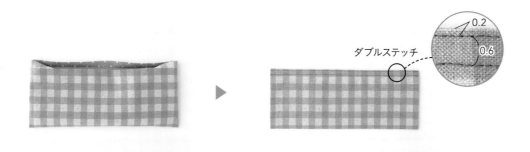

ダブルステッチ
0.2
0.6

3 表に返して、口を合わせてステッチで閉じる。

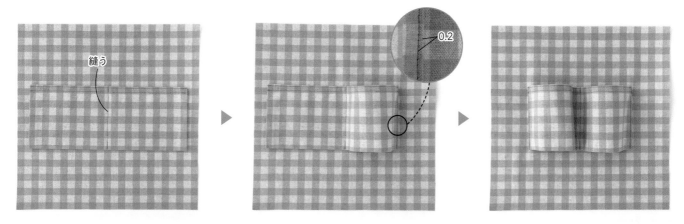

縫う

0.2

4 ポケット位置、中央を縫う。

5 ポケットを浮かせた状態で、両脇を縫う。

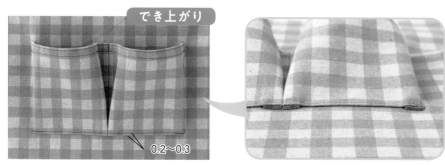

6 中央と両脇の底をたたんでとめる。

でき上がり

0.2〜0.3

7 底辺を縫いとめる。

内側 メッシュのフラットポケット

背面に重ねてつける大きめの内ポケット。
メッシュのポケット口はニットテープで始末すると、
適度なストレッチがあり、物を出し入れしやすい。

ポケット

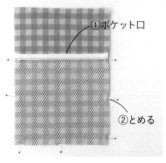

①ポケット口
②とめる

1 ポケット口を始末して、背面に合わせる。

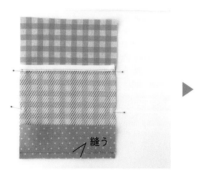

縫う

2 底側のパーツを縫い、他のパーツも縫い合わせる。

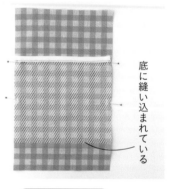

底に縫い込まれている

でき上がり

内側 前面 側面 フラットポケット

どのパーツにも、口の位置を決めれば
つけられるポケット。
パーツの幅がポケット口の寸法になる。
縫い代は隣り合うパーツに縫い込むので、
ポケット内側に縫い代は存在しない。

ポケット

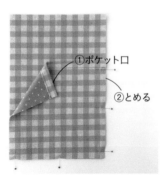

①ポケット口
②とめる

1 ポケット口を始末して、土台のパーツに重ね合わせる。

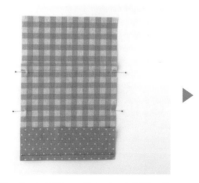

2 底側のパーツを縫い、他のパーツも縫い合わせる。

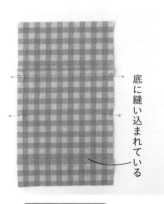

底に縫い込まれている

でき上がり

ラウンドリュック

実物大型紙A・B面

ファスナーを隠したリュックの口とポケット口。
表布にはワッシャー加工のナイロンオックス、
背面と肩ひもにダブルラッセルを使用。

かぶせ
ファスナー

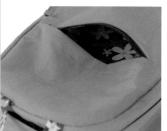

ポケットの袋布になる裏布は、ナイ
ロンタフタの花柄を。

Arrange
ファスナーが
見える口

リュックの口は、
スクエアリュック（P.51）の型紙を
使うとファスナーが見えるように。
表布はナイロンオックス。

表布の柄に合わせて、
背面のダブルラッセル
にステッチ。

69

作り方

＊分かりやすいように、布と糸の色を変えています。

材　料

- ○表布　135×55cm
- ○表布（ダブルラッセル）　45×50cm
- ○裏布　80×45cm
- ○メッシュ地　30×30cm
- ○ファスナー（50cm）　1本、（20cm）　1本
- ○バイアステープ（幅1.8cmの両折）　4.2m
- ○内ポケット縁どり用ニットテープ（幅1.1cm）　30cm
- ○テープアジャスター（2.5cm幅）　2個
- ○織りテープ（2.5cm幅）　1m
- ○平ゴム（10コール）　30cm

でき上がりサイズ

- 高さ　38cm
- 幅　25cm
- まち　12.5cm
- 肩ひもの長さ　42〜78cm

500mℓの
ペットボトル

裁ち合わせ図

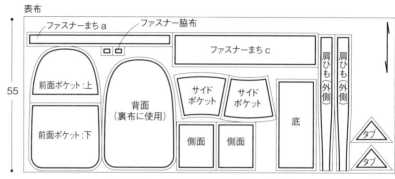

表布
ファスナーまちa　ファスナー脇布
ファスナーまちc
前面ポケット：上
背面（裏布に使用）
サイドポケット　サイドポケット
底
肩ひも外側　肩ひも外側
前面ポケット：下
側面　側面
タブ
タブ
55
135（ワッシャー加工撥水ナイロンオックス生地幅）

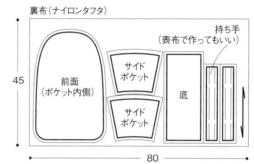

裏布（ナイロンタフタ）
前面（ポケット内側）
サイドポケット
サイドポケット
底
持ち手（表布で作ってもいい）
45
80

表布（別布：ダブルラッセル）
肩ひも内側　肩ひも内側
背面
50
45

メッシュ地
内ポケット
※前面ポケット：下使用
30
30

作り方のポイント

背面に使うダブルラッセルは、裏布にステッチでとめた方がクッション性が安定します。肩ひもはクッションをつぶさないように、ステッチは1本です。

① ポケットを縫う

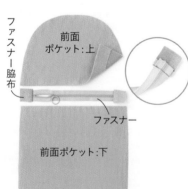

ファスナー脇布
前面ポケット：上
ファスナー
前面ポケット：下

1 ファスナーに脇布をつける（脇布のつけ方はLesson5 P.57参照）。

（裏）　1.7　1
（表）

2 前面ポケット：下とファスナーを縫う。

バイアステープ

3 縫い代をバイアステープで始末する（Lesson2 P.18、基本の縫い方参照）。

（表）

4 縫い代をポケット側に倒す。

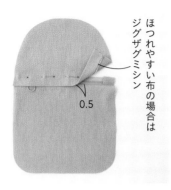

5 前面ポケット：上をでき上がりに折ったまま、ポケット：下に0.5㎝重ねてとめる。

6 ステッチをかけて、裏布に重ねる。裏布は袋布になる。

7 周囲を縫いとめる。

② リュック口を縫う

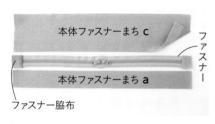

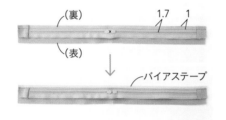

1 指定寸法のファスナーがない場合は、コイルファスナーに脇布をつけて長さを合わせる。

2 ファスナーまちaとファスナーを縫い、縫い代をバイアステープで始末する。

3 ファスナーまちcをでき上がりに折ったまま、まちaに0.5㎝重ねてとめる。

4 ステッチをかけてとめる。

5 両脇に側面を縫う。

6 縫い代をバイアステープで始末して、側面側に倒す。

③ サイドポケットを縫う

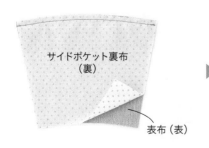

1 表布と裏布を中表に合わせて、ポケット口を縫う。

2 表に返してステッチをかける。

3 ゴムを通して側面の幅に合わせてとめる。

4 底を縫う

4 側面に仮どめする。

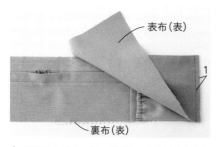

1 底表布と裏布でサイドポケットをはさむようにして縫う。

2 表に返し、反対側も同じように縫う。

3 底表布と裏布の端を縫いとめる。

5 タブを縫う

タブにテープをはさんで縫う。ステッチでしっかりとめる。

6 持ち手を縫う

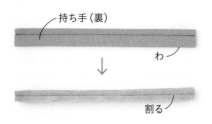

1 持ち手を中表に折って縫う。縫い代を割る（指アイロンでOK）。

2 表に返す。縫い目は中央に。

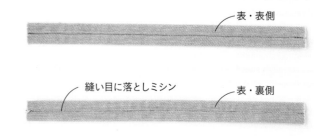

3 中央にステッチをかける。2本作る。

7 肩ひもを縫う

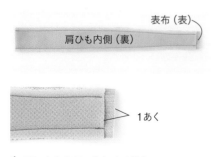

1 肩ひもを中表に合わせて縫う。

2 表に返す。

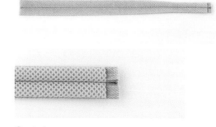

3 中央にステッチをかける。2本作る。

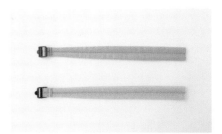

4 テープアジャスターを通し、端を1cm折って縫いとめる。

⑧ 背面を縫う

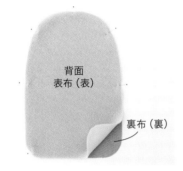

背面表布（表）

裏布（裏）

1 表布と裏布を外表に重ねる。

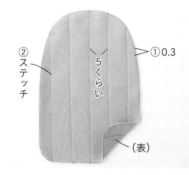

② ステッチ

5くらい

① 0.3

（表）

2 周囲を縫いとめ、ステッチをかける。ステッチ間隔はお好みで。

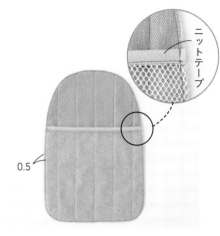

ニットテープ

0.5

3 内ポケットの口を始末して、背面裏布側に仮どめする。

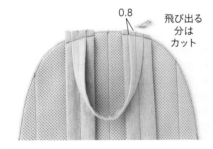

0.8

飛び出る分はカット

4 上部に肩ひもと持ち手を仮どめする。

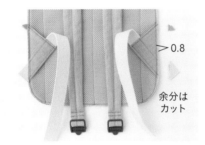

0.8

余分はカット

5 両脇にタブを仮どめする。

0.5くらい

6 タブについたテープをアジャスターに通し、テープ端を二つ折り（三つ折りでも可）にして縫う。

⑨ 縫い合わせる

背面にいろいろついたところ。

0.8

（表）

1 前面上部に持ち手を仮どめする。

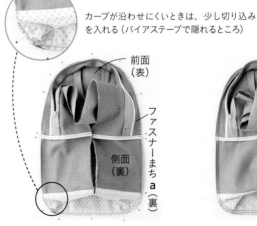

カーブが沿わせにくいときは、少し切り込みを入れる（バイアステープで隠れるところ）

前面（表）

ファスナーまちa（裏）

側面（裏）

2 まち部分を中表に合わせる。

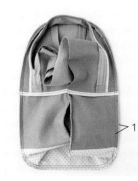

1

3 縫う。

4 縫い代をバイアステープで始末する（Lesson2 P.19、C参照）。

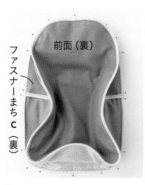

5 同じように背面を中表に合わせる。

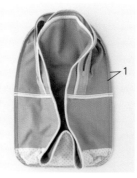

6 ファスナーをあけて縫う。

7 縫い代をバイアステープで始末して、表に返す。

でき上がり

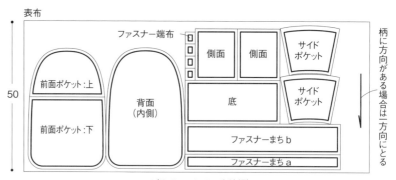

ファスナーが見えるようにも作れます

リュック口のまちはスクエアリュックと兼用なので、スクエアリュックをかぶせファスナーにもできます。

材 料

○表布　118（生地幅）×50cm
○表布（ダブルラッセル）　45×50cm
○裏布（ミニリップ）　90×50cm
○メッシュ地　30×30cm
○ファスナー（50cm）　1本、（20cm）　1本
○バイアステープ（幅1.8cmの両折）　4.4m
○内ポケット縁どり用ニットテープ（幅1.1cm）　30cm
○テープアジャスター（2.5cm幅）　2個
○織りテープ（2.5cm幅）　1m
○平ゴム（10コール）　30cm

でき上がりサイズ

かぶせファスナーと同じ

裁ち合わせ図

表布

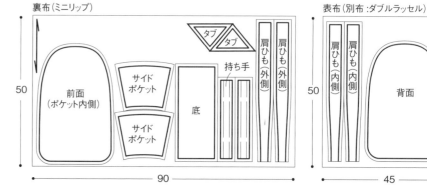

ワイヤー口金リュック

実物大型紙C面

前面につけたポケット口もリュックの口も、
ファスナーつけは直線のみ。
ワッシャー加工のナイロンオックスを使用。
肩ひもをつけないとバッグになります。

ワイヤー口金と表布でしっかり形を
保てるので、薄手ポリエステル地の
ミニリップを裏布に。

作り方

＊分かりやすいように、布と糸の色を変えています。

材　料

- ○表布A　90×45cm
- ○表布B　60×40cm
- ○裏布　115×40cm
- ○ファスナー（50cm）　1本、（20cm）　1本
- ○バイアステープ（幅1.8cmの両折）　50cm
- ○ワイヤー口金（24cm幅）　1組
- ○テープアジャスター（2.5cm幅）　2個
- ○織りテープ（2.5cm幅）　2.6ｍ

※表布を配色にしない場合の表布の用尺と
　裁ち合わせ図はP.50参照。

でき上がりサイズ

高さ　高さ36cm
幅　　24cm
まち　13.5cm
肩ひもの長さ
　　　45〜71cm

500mlの
ペットボトル

作り方のポイント

下からしっかり支えられるように、肩
ひもにつなぐテープを底から縫いとめ
ます。縫い代をバイアステープで始末
するのはポケット口のみ。

裁ち合わせ図

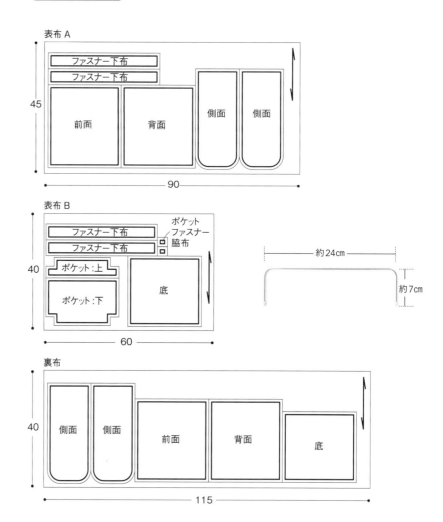

表布A

ファスナー下布
ファスナー下布

前面　　背面　　側面　側面

45

90

表布B

ファスナー下布
ファスナー下布

ポケット
ファスナー
脇布

ポケット：上

ポケット：下

底

40

60

約24cm

約7cm

裏布

側面　側面　前面　背面　底

40

115

1 ポケット・本体を縫う

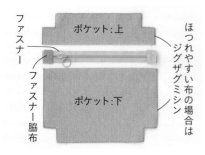

ファスナー
ファスナー
ファスナー脇布

ポケット：上

ポケット：下

ほつれやすい布の場合はジグザグミシン

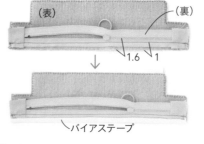

（表）　　（裏）

1.6　1

バイアステープ

（表）

1 ファスナーに脇布をつける（Lesson5 P.57参照）。

2 ポケット：上とファスナーを縫う。縫い代はバイアステープで始末する（縫い代の始末はLesson2 P.18、基本の縫い方参照）。

3 ポケット：下も同じように縫う。

4 縫い代はポケット側へ倒す。

5 まちを縫う（Lesson5 P.60参照）。

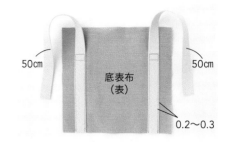

50cm　50cm

底表布（表）

0.2〜0.3

6 底にテープを縫いつける。

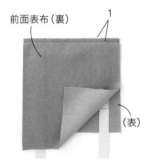

前面表布（裏）

1

（表）

7 前面を中表に合わせて縫う。

（表）

8 縫い代を前面側へ倒してステッチをかける。

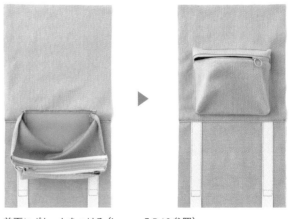

9 前面にポケットをつける（Lesson5 P.60参照）。

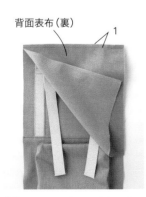

背面表布（裏）

1

10 反対側に背面を中表に合わせて縫う。

（表）

11 縫い代を背面側に倒す。

側面表布（裏）

12 左右の側面を縫う。

② リュック口を縫う

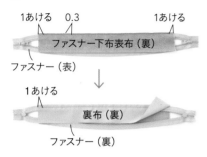

1あける　0.3　　1あける
ファスナー下布表布（裏）
ファスナー（表）

↓

1あける
裏布（裏）
ファスナー（裏）

1 ファスナーとファスナー下布表布の中央を合わせて仮どめしてから、裏布を合わせて縫う。

1
1
（表）

2 下布を表に返して、縫いあけた分の縫い代を折る。

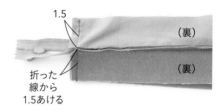

1.5
（裏）
（裏）
折った線から1.5あける

3 表布、裏布それぞれを中表に合わせて、ワイヤー通し口1.5cmをあけて縫う。

（裏）

4 縫いあけた部分から、ファスナーを表に出す。

（表）
（表）

5 ワイヤー口金通し口の縫い代を整える。

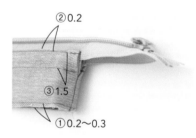

②0.2
③1.5
①0.2〜0.3

6 表・裏布を外表に合わせて裁ち端をぐるりと縫いとめ、通し口にステッチをかける。

③ 裏布をつける

20cm　　0.8

1 前面上部に持ち手を仮どめする。

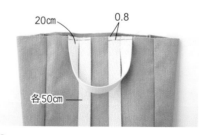

20cm　　0.8
各50cm

2 背面上部に肩ひもと持ち手を仮どめする。

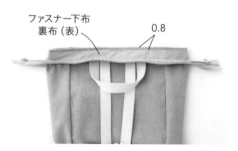

ファスナー下布裏布（表）　0.8

3 ファスナー下布の表布を中表に合わせて、ぐるりと仮どめする。

4 裏布を、表布と同じ順番で縫い合わせる。1辺に返し口をあけておく。

5 中に表布本体を入れ、中表に合わせてとめる。

6 裁ち端を揃えて、ぐるりと縫う。

7 返し口から表に返して、返し口を縫い閉じる。

④ まとめる

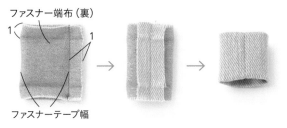

1 端布を中表に二つ折りにして縫い、表に返して縫い代を折り込む。

2 ファスナーテープ端に端布をつける。

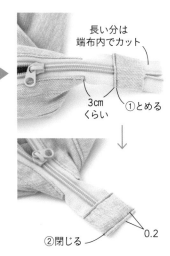

3 上側のテープにアジャスターをつけ、下からのテープを通して端の始末をする（P.73 ⑧ の 6 参照）。

縫い上がったところ。

4 ワイヤー口金を通す。通し終えたら、口は縫い閉じる。

でき上がり

水野佳子

ソーイングデザイナー。
『バッグ作り教室』（小社）、『エコファーで作る』
『きれいに縫うためのパターン 裁断 縫い方の基礎の基礎』（ともに文化出版局）など、
作り方解説の著書を多数手掛けている。

撮影／落合里美
　　　　有馬貴子　岡 利恵子（本社写真編集室）
スタイリング／南雲久美子
レイアウト／平木千草
型紙・裁ち合わせ図トレース／並木 愛
校閲／滄流社
編集担当／山地 翠

リュック作り教室

著　者	水野佳子
編集人	石田由美
発行人	倉次辰男
発行所	株式会社 主婦と生活社
	〒104-8357　東京都中央区京橋3-5-7

編集部	☎03-3563-5361　FAX.03-3563-0528
販売部	☎03-3563-5121
生産部	☎03-3563-5125
	https://www.shufu.co.jp/

製版所	東京カラーフォト・プロセス株式会社
印刷所	凸版印刷株式会社
製本所	共同製本株式会社

ISBN978-4-391-15608-9

©Yoshiko Mizuno 2021 Printed in Japan